细说中国史

天朝上国 之 清廷

侯芳静◎编著

团结出版社
UNITY PRESS

图书在版编目（CIP）数据

天朝上国之清廷 / 侯芳静编著. –– 北京：团结出版社, 2024.1

（细说中国史）

ISBN 978-7-5234-0313-6

Ⅰ.①天… Ⅱ.①侯… Ⅲ.①中国历史—清代—通俗读物 Ⅳ.①K249.09

中国国家版本馆CIP数据核字(2023)第139447号

出　版：团结出版社

　　　　（北京市东城区东皇城根南街84号　邮编：100006）

电　话：（010）65228880　65244790（出版社）

　　　　（010）65238766　85113874　65133603（发行部）

　　　　（010）65133603（邮购）

网　址：http://www.tjpress.com

E-mail：zb65244790@163.com（出版社）

　　　　fx65133603@163.com（发行部邮购）

经　销：全国新华书店

印　刷：三河市金兆印刷装订有限公司

开　本：710毫米×1000毫米　16开

印　张：12

字　数：200千字

版　次：2024年1月　第1版

印　次：2024年1月　第1次印刷

书　号：978-7-5234-0313-6

定　价：39.80元

序　言

中国是一个拥有悠久历史和灿烂文明的国度，中国作为世界上最古老的文明古国之一，拥有着灿烂辉煌的文化和悠久的历史传承。从五雄争霸之春秋到军阀混战之民国，中国历史如同一幅波澜壮阔的画卷，展现了数千年的辉煌与沧桑。

历史的巨轮滚滚向前，在人类历史的长河中，中国历史起着十分重要的作用，并具有其独特的历史地位。这不仅体现在其悠久的历史传承上，更在于它对人类文明的发展产生的深远影响。中国历史可以追溯到数千年前。在这漫长的历史长河中，中国经历了历朝历代的更迭，从夏朝的建立到清朝的灭亡，每个朝代都有其独特的政治、经济、文化等特色。这些朝代的兴衰变迁，不仅是中国历史的重要组成部分，更是人类文明发展的重要见证。

这部《细说中国史》系列丛书旨在为读者呈现一幅全面而细致的中国历史图景。以通俗易懂的语言，结合丰富的史事，尽力做到还原历史原貌。

另外，历史各期的政治制度、经济发展、科技创新、文化艺术等方面都有着丰富的内涵和独特的魅力。通过了解这些，读者可以更好地理解中国的现代化进程，以及中国历史在世界历史舞台上的地位和影响力。

同时，本系列丛书也将关注历史背后的社会背景和文化传承；探讨源远流长的中国文化，如儒家、道家、佛教等思想流派的兴起与传承；展示中国科技的辉煌成就，如四大发明、丝绸之路的开辟等。

本系列丛书可以让读者穿越历史的时空，追溯历史的起源，探索历朝历代的荣辱兴衰，感受历史人物的悲欢离合，并寻找历史规律，从而以史为镜，正己衣冠。

总之，衷心希望这部《细说中国史》系列丛书能帮助读者更好地了解中国的历史和文化，并感受其独特的魅力。

　　由于历史的复杂性和多样性，这部《细说中国史》系列丛书难以涵盖所有方面，不免挂一漏万。同时，历史研究也在不断发展和更新，我们将尽可能参考最新的学术研究成果，尽量做到准确且客观地叙述。期待读者在阅读过程中提出宝贵的意见和建议，诚挚感谢。

目 录

第五章　旋即成尘

第一章　崛起之路

十三副铠甲打天下

　　明朝末年，在北部边疆有一群部落正虎视眈眈，对汉族发达的农副业窥伺已久，他们就是当时不断崛起的女真部落。公元 1583 年，女真部落首领猛哥帖木儿逝世后，他的后代努尔哈赤扛起祖先的旗帜，凭借着仅剩的十三副铠甲起兵反义，统一了当时的女真部落。

　　在金朝从历史上销声匿迹之后，北方的游牧民族女真就处于一种分裂状态，他们散落地居住在黑龙江、松花江等流域。从边疆迁徙到内地的女真人，因受到汉族文化的影响而逐渐放弃了自身的传统文化。

　　明朝初期，女真部落固守在东北的族民被分为海西女真、建州女真和野人女真，其中野人女真又被称为东海女真。野人女真生活在靠近西伯利亚的库页岛、黑龙江等北端，而海西女真则生活在东北中部的松花江河畔，身处牡丹江以及长白山等地区的建州女真是其中最为发达的分支。

　　猛哥帖木儿在某次回归途中，和长子阿古一同遭到海西女真的暗算，不幸罹难。过了九年之后，帖木儿的胞兄弟凡察与帖木儿的次子董山为了抢夺领导权而反目成仇。

　　当时还在统管女真的明朝为了保持族内的和谐安宁，下旨命建州女真单独划出右卫，然后命董山负责左卫，凡察负责右卫，故而化解了这一内部矛盾。建州三卫在经历不断地迁移后，最终在苏子河流域定居下来。

　　时光如水，在经历了百年的奔流之后，公元 1559 年，注定统领女真部落的努尔哈赤诞生，据传闻称，他出生时"凤眼大耳，面如冠玉"，实乃帝王之相也。

努尔哈赤和帖木儿中间隔了六世辈分，努尔哈赤父亲名叫塔克世，祖父叫觉昌安。努尔哈赤是家中的长子，自小负责四个弟弟的起居生活，从十岁母亲不幸离世之后，就一直在继母的阴影下苟活。

艰苦的童年生活让努尔哈赤锻炼出非比凡人的毅力，在被继母逐出家门时，他才年仅十九岁，为了维持温饱，田野山林等荒无人烟的地方常常就是他的觅食处。他经常在山林中采食野果，等到积攒较多时，他还会将它们拉到集市上贩卖给来来往往的人们，其中便有汉民。他喜读《三国演义》等汉族名著，在其中流连忘返、废寝忘食，不知不觉中受到了汉文化不小的影响。

万历初年，女真部落与明朝的关系走向崩塌，女真部落不仅和明朝断绝了关系，在自己内部也呈现出矛盾分裂的状况。自此，女真族变成一团散沙，不同的割据部落占山为王，灭亡的危机正在等待着他们。

然而，时势造英雄，努尔哈赤的崛起之路便是从此开启。北方游牧民族擅长骑射，在内部矛盾发生时，用武力解决矛盾是他们习以为常的方式。努尔哈赤同样也利用这一传统征服了女真各个散落的部落。

公元1583年发生了一件令努尔哈赤痛心疾首的事件，他的父亲和祖父双双遇难，这也成为他决心统一女真的契机。

原来，努尔哈赤的祖父觉昌安有一名孙女嫁给了建州首领王杲之子阿台。是年二月，由明朝将领李成梁带领的军队在尼堪外兰的指引下出兵围攻阿台所在的部落。担心孙女安危的觉昌安便急忙来到阿台的驻地，打算劝说阿台尽早降服。后来父亲塔克世也前往那里探望觉昌安，结果二人被困其中，再也没能走出来。

尼堪外兰被利欲熏昏了头脑，他欺骗同族兄弟，让李成梁轻易地攻入城内，杀害了无数无辜的百姓，百姓的鲜血浸入地底，尸骨铺满了整座城市。觉昌安和塔克世被杀的消息很快便传到了努尔哈赤耳中，痛心疾首的他将矛头一股脑地指向了尼堪外兰。屠城事件之后，明朝册封努尔哈赤为指挥使，以安慰他丧失父亲、祖父的悲痛。

又过了三个月，努尔哈赤调遣塔克世和觉昌安遗留的十三副遗甲，含着恨意起兵反义，攻入尼堪外兰所在的图伦城，以英勇生猛的魄力将尼堪外兰驱逐城外。

尼堪外兰之所以逃脱了努尔哈赤的追捕，是因为萨尔浒城主诺米纳的泄密，才得以保全一命。原本，努尔哈赤和萨尔浒城主诺米纳本属同盟，打算联合攻打尼堪外兰，但途中诺米纳背信弃义，又和尼堪外兰勾结在一起，使得努尔哈赤的计划未能如约完成。

从此，努尔哈赤便再也没有信任过诺米纳。后来，诺米纳为了侵占巴尔达城，派遣使者向努尔哈赤请求支援，为了报当日冤仇，努尔哈赤表面上答应了他的请求。等到约定攻打巴尔达的日子到来时，努尔哈赤率领浩浩荡荡的部队攻向萨尔浒，由于没有防备，诺米纳犹如笼中之鸟，转瞬间便死在了努尔哈赤的刀下。

至此，萨尔浒也被努尔哈赤收入囊中，成为他的领土之一。这一战役的告捷让努尔哈赤声名大噪，也为他进一步统一建州女真部落开启了路程。

从公元1584年起，努尔哈赤率领各部南征北战，在北方边疆驰马纵横，用不断强大的兵力为女真部落选出了新首领。1585年，努尔哈赤同五城联盟在浑河畔大战，虽然兵力不足，却犹如神助般打败了联军，次年完全征服了浑河部。

眼见着努尔哈赤的势力不断扩大，明朝为讨好他，便特意奉上尼堪外兰的首级，为他解除了多年以来未遂的心愿。从而，苏克素护河部便完全成为努尔哈赤的属地。

明朝万历十七年（1589），努尔哈赤完成了统一建州女真的大业，自此成为女真部落千古流传的人物之一。

局势分析

努尔哈赤本来只是一位弱小部落的首领，在祖父、父亲被杀后，愤然起义，以十三副遗甲开创基业，终成一代首领。努尔哈赤起兵的原因只是为了报仇雪恨，并没有涉及之后取代明朝的计划。

尼堪外兰由于受到明朝的重视，为了建功立业，向明朝表决心，他毅然向明将李成梁提供阿台部落的情报，使塔克世、觉昌安命丧刀下。若不是想要借助明朝势力，扩大自己的实力，尼堪外兰也不至于招致杀身之祸。

努尔哈赤当时只针对尼堪外兰的原因在于，他的势力还不足以抵抗大国明朝，所以先将目标定在铲除尼堪外兰上。在攻打尼堪外兰前，努尔哈赤做好了充足的准备，他将所有忠勇之士聚集一处，排斥尼堪外兰的人也都投靠在他的门下。

以十三副遗甲举兵反抗时，努尔哈赤才不过二十五岁而已。

努尔哈赤征战三十余年，以不懈的战斗精神，最终统一了女真各部，并在极短的时间内，令女真部落日益强大，为之后建立清朝做好了准备。

说点局外事

统一建州女真的努尔哈赤在当时和海西女真的关系开始恶化。公元1593年，觊觎努尔哈赤实力的九个部落联盟向他发起了攻击，却因为实力差距过大，最终被努尔哈赤的精兵所败。

因为海西女真积累了多年的势力，难以在短时间内击溃，所以努尔哈赤决定各个击破，从其软肋开始着手。在海西部落的周围遍布着朝鲜、蒙古的群众，为了拉拢他们，努尔哈赤向他们无条件地提供物资、军姿的帮助，从而稳固了周边局势环境。

并且，他将实力雄厚的叶赫、乌拉两个部落拉入自己的战营，为乌拉部落选定布占泰作为首领，又将布占泰的亲妹娶为妻子。

在叶赫部落，也采取了同样的联姻方式，与首领布养谷、锦台失等人建立联盟关系。至此，将目标集中指向了弱小的哈达部、辉发部。

很快，在公元1599年，努尔哈赤编造了一个罪名，便将哈达部清除干净。又在公元1607年，以同一种形式，将辉发部的势力削弱至零。

海西女真部落仅剩叶赫、乌拉两部，在此基础上，努尔哈赤的势力得以进一步攻击东海沿岸的部落。东海女真地处偏僻，相隔距离空间大，想要征服他们，显得困难重重。

努尔哈赤为此采取了从近到远，再从简到难的策略，决定从北方和西部派兵攻击。在征战东海部落十七年间，努尔哈赤逐渐将渥集等部收入囊中。

待东海各部相继臣服于努尔哈赤之后，建州女真的士兵们转而向旧敌海西部落发起了最后的攻击。叶赫、乌拉二部寡不敌众，在公元1613年，努尔哈赤倒戈联姻过的布占泰，将乌拉部扫荡干净。

因为叶赫部受到了明朝的庇护，故而在公元1618年左右，努尔哈赤向明朝发起了进攻。在无数次大战的打击下，明朝辽东势力受到了极大的削弱，叶赫部也再没有可以依靠的靠山，变得势单力薄。

终于在明朝万历四十七年（1619），努尔哈赤带领大军将抗衡数年的叶赫部一举消灭。与此同时，努尔哈赤也成了历史上第一位统一女真的首领。

八旗制度的确立

八旗制度对于汉族人来说也早已变得不陌生，它是满族人所创立的兵制，在清朝时期尤为盛行。满族统领正是使用这一有效的军事制度才得以霸占中原，建立了盛极一时的清朝。

这一军事制度将农业和战争融合起来，士兵们闲时耕田，等到战事打响，便又扛起武器走上沙场。

八旗制度的前身本是女真部落狩猎的小组，被人们称为牛录。在当时，女真部落内时行旗制，凡有旗籍的部众都被叫作旗人。在十九世纪末，清朝陨落后，八旗制度也随之消失，失去了它原本的土壤，不过至今也有八旗的后人自称旗人的。

努尔哈赤是八旗制度的创建人，他在统一女真各部之后，便开始着手于构建合理的军制，以更好地管理军队。努尔哈赤原本只规定了四旗，在当时四旗被四种颜色所区分，从而有了四种旗帜，也就衍生出"正黄旗"等名称。

在努尔哈赤的势力不断扩大增强后，他在四个旗帜的周围加上框架，从而就有了"镶黄旗"的变名，如今我们耳熟能详的八旗名称便由此而来。在八旗制度的引领下，女真部落披荆斩棘，克服了重重困难，战胜明朝军队，建立了清朝。

八旗制度不单单作为兵制而存在，它在清兵入关前就有了集多种功能于一身的结构。它在经济建设、行政管理等各方面都有所涉及，是当时满族军政合体的重要组织形式。

其一，它是一项军事制度。八旗部落中每位年龄达到十五岁以上六十岁以下的男子都必须承担军兵的责任，在战时出征上阵，为国家效力。而在农忙时节，则又会变成朴实不过的农民，在农田中耕耘。每一小组中的成员数量并不固定，有时会多达一百人左右，有时又会缩减至五十人。他们在农闲时都会操练武器，锻炼武艺，故而这支部队便具备了骁勇善战的能力。

在行军形式上，兵士们可以依据道路的宽度，选择八路并行，或者合并为一队人马行进。到了最关键的作战环节，士兵们被分配为前锋、骁骑和护军。前锋具备率先冲锋的责任，在军队前方身披铠甲，手持利器，给予敌人第一回的冲击。骁骑士兵们随后出击，披上轻甲，趁势而上。

最后出现的护军被称为巴牙喇，也就是精兵强将的意思，由各部队中挑选出武艺高强、敏捷聪慧的士兵组建而成。他们个个威武雄壮，精神奕奕，随时守备攻杀敌人。

清军入关前，旗兵们并无军饷，作战武器都由自己预备，就连马匹都要从自家马厩里牵出来使用。不过，参战后夺得的战利品可供自由分配，所以在战利品的诱惑下，有不少农民甘愿冒险参加战斗。

其二，它也是一项经济制度。每个小组，也就是每个牛录，共同分摊行政所需的资费。在八旗制度正式确立前，努尔哈赤就提出了从每个牛录收取税负的提案。也就是说，每个小组中抽出男丁十名，再调出四头牛，共同在某一空地上种地，所得粮产尽归上层。

八旗制度将生产与战争结合在一处，让小组组长担当农耕领导的同时，也成为军队将领。

其三，它还是一类行政制度。当时旗内的各阶层官员都身兼两职，不单负责行政，还要在战时充当将领。

八旗制度成立后的一段漫长岁月里，蒙古族和汉族亦被隶属其间。等到皇太极登基之后，设立了单独的蒙古八旗和汉军八旗。

在经历山海关战役后，入主中原的满族清兵还带领着许多追随他们的群众共同入关。为了安顿数量庞大的官兵和群众，清朝数代统治者纷纷采取圈地运动，共推行了三次。

三次规模巨大的圈地运动，让蒙、汉、满三族士兵共收获了两百多万亩田地。八旗的后代分得到更多的良亩，直到清代末期都没有太大的变动。

士兵所得的田地由自己和家属共同打理，获得的粮产也归自己所有。清初，这些旗民可以拥有全部所种粮产，但到了光绪三十一年（1905），这一制度最终被取缔。

等到清朝统一全国，真正坐稳江山之后，这一曾经受用的制度反倒成了绊脚石，特别是八旗士兵们的生活开始出现了危机。

八旗士兵们的生活危机主要是针对北京正身旗人而言。他们的这类问题在康熙年间就早已展露端倪了，直到乾隆年间达到顶峰，清朝统治阶层才给予了极高地关注。

虽然清朝政府不断地给予补助，但仍然不能填补他们空缺已久的"布袋"，在雍正二年（1724），政府采取建立教养兵的制度，后改名为养育兵，为他们贴补物资救助，从而稳定他们的生活。

八旗制度作为满族治军的附属物，随着清朝的陨落也日渐消亡，直到1911年辛亥革命爆发后，八旗制度也就没有了存在的土壤。

清朝统治天下几乎都倚赖八旗制度，它为我国历史上团结各民族起到了积极作用，也为边疆安全以及阻止外来侵略势力入侵有着重要意义。

局势分析

八旗制度原本作为满族狩猎小组而存在，每个小组被称为牛录，之后被发展为计算军事小组而存在。

满族内部时行分旗制度，每个旗都各有军事防卫系统，旗内成员闲暇时间耕种，战争开启时便义无反顾的参与斗争。由于女真首领采取了分发战利品的措施，从而开启了他们想要建功立业的进取心，也保证了对外抗战的胜利。

为了能够获得更多的战利品，农民们大多会拼尽全力，义无反顾地参与战争，虽然没有军饷，但自食其力的号召力更为强大。

等到皇太极成为清朝皇帝之后，便将八旗制度应用到了蒙古族和汉族人身上，并为他们各自创建了一个八旗制，分别为蒙古族八旗制度和汉族八旗制度。

八旗制度为当时的社会创造了安定团结的条件，促进了各民族的和谐相处，也推动了边疆地区的和谐稳定。然而，八旗制度归属于清朝统治体系，自然要随着清朝的消亡而消亡，这自然是不言而喻的。

说点局外事

蒙古族和汉族的八旗制度在皇太极登基之后相继脱离统治，成为蒙古八旗和汉军八旗。

蒙古八旗的创建要比汉军八旗早，但比满洲八旗晚。在努尔哈赤的巅峰时期，部分蒙古人曾归降于满族。公元1621年，蒙古某部落六百多人归降努尔哈赤，自那日起，专属于蒙古的牛录便开始成立。

公元1629年，蒙古已然拥有了二旗，分别为"蒙古左营"和"蒙古右营"。五年之后，蒙古右营又被改名为"右翼兵"，左营被叫作"左翼兵"。

皇太极登基后，蒙古林丹汗被清军打败，满洲八旗有大量的蒙古大汗们被分配进来。为便于管理，规定除了患有眼疾或是手脚残障人士之外，年龄在六十岁之下、十八岁以上者，都可以加入蒙古八旗的阵营内。

蒙古左、右营被收入新蒙古八旗里，而且在其中发挥着重大的作用。由此，许多满洲的蒙古兵士们聚集在一起，成为新一届的蒙古八旗。

蒙古八旗成立之后，许多蒙古牛录被安放于八旗之间，这些小组成员的出身都是贝勒等等，他们原本势力强大，但是迫于形势所逼，才不得不在满洲八旗中生存。

汉族的八旗成立的时间最晚。公元1631年，在皇太极的命令下，汉族人民开始拥有了自己的八旗，所属颜色为黑色。"乌真超哈"是汉军在满语当中的说法，具有重兵的意思。

萨尔浒战役

努尔哈赤以十三副铠甲成功统一女真后，他的步伐没有停滞，反而向更为强大的明朝发起了总攻。

万历四十七年（1619）三月，后金在短短五天之内，就以六万人的军队打赢了对战明朝十一万军队的萨尔浒之战。这场以少胜多的战役是金朝同明朝军队间决定辽东归属的重大战役，它让人们纳罕的同时，也在史册上留下了光辉的一笔。

当清河、抚顺等地被努尔哈赤收入囊中之时，明朝上下无人不感到震惊。明朝政府为全面掌控辽东地区的统领权，决定发动一次大规模的反击战，将后金的狂妄势力消灭殆尽。

号令下发后，明朝将领杨镐担任总指挥，他从全国各处招兵买马，筹备物资，并以沈阳为中心，分为四路大军。据说这场战斗共有四十万人马参加，如洪水猛兽般向金朝都城赫图阿拉攻进。

四路大军同时出发，由于在途中遭遇暴风雪的袭击，本来相约在二月二十四日相会的日期也不得不遭到推迟。

以杜松为总领的军队从沈阳开始进攻，负责"攻其西"。以李如柏为总领的一路，自清河鸦鹘关口出关后，负责"攻其南"。而以马林为首的一路军队在三岔口方向出入，负责"攻其北"。最后一路军队，以刘綎为总领，从宽甸口出发，负责"攻其东"。

因为兵力过于分散，四路军队难以集中管理，加上行军的环境过于闭塞，消息不能够及时传递到各自领军处，导致各路行动难以协同，令对方军队有了可乘之机。

而在努尔哈赤这一方，明军一出动，消息就传到了努尔哈赤这里，很快对战明朝军队的金军就已准备完毕。

在当时，金朝八旗军队的势力仍然处于弱势，其总和也不过六万余士兵。某些后金将领听闻要与明朝作战，吓得告辞的告辞，退缩的退缩，都在静等努尔哈赤撤战的消息。

但是，努尔哈赤却没有听取那些闲言碎语，他以准确地判断，确定了出

兵征战的计划。根据前方哨兵所发回的消息，他得知明朝军队分作四路前行，这使他心放宽了不少，他想到这是老天给予他的机会，要让他一举攻下明朝。

在努尔哈赤的领导下，杜松担任本次主攻手，从抚顺出关后，军队在萨尔浒山上驻扎了下来。杜松本是陕西榆林人士，祖上世代沿袭将相之位，在民间以勇猛善战为名，戎马一生，功勋卓著。

在率兵征战前，他以遍身刀痕的躯体向士兵们展示道："某不识字武夫，惟不学读书人贪财害人耳！"排列整齐的士兵们无不感叹落泪。虽然杜松胆略过人，但他性情浮躁，难当大任，将帅之任实难委托于他。

在士兵们自抚顺出兵时，老天似乎有意降下一场雪，让杜松经历了人生的最低谷，他的急性子要求他以火急火燎的速度冲向目的地，所以在大雪纷飞的东北，他毅然率领军队贸然前行。

终于到达目的地，杜松先命人占领山脉萨尔浒，并以二路兵力划分负责范围，将一路军队安插在萨尔浒的军营附近，他亲自率领另一路军队攻占后金的界藩城。

冒雪前行的杜松军队，在夜幕降临时抵达浑河岸边，而此时他仍旧命令士兵们马不停蹄地渡河。

努尔哈赤在得知他们的行进路线后，暗自高兴，杜松竟然将兵力分散，给了他一个可以钻入的空隙。为了能够让兵力更为集中，在第二天一举攻下萨尔浒的明军，努尔哈赤率先堵截了杜松一路的后退道路。然后又急忙支派士兵前往界藩。在明朝军队渡河之时，努尔哈赤派遣士兵在上游造成堵塞状况，等到明军大批量的进入水中，再一瞬间击溃堵塞物，放水导致洪水泛滥。等到河水涨过肩膀，许多明朝士兵都溺死在水中，众多大炮和兵器都被大水冲走而未能渡河。

没过多久，袭击明军的后金军队从界藩冲锋而下，以凌人的气势显示出咄咄逼人的姿态，将明军斩杀的零零散散。

接着，努尔哈赤的主攻队陆续来临，明朝军队被彻底围住，再也没有逃脱的可能了。杜松想要杀出一条血路，在左右拼杀的时候，忽然遭到利箭穿头，即刻从马上滚落在地，没有喘息的片刻便已呜呼哀哉。杜松的士兵们也没有受到多么好的待遇，在金军的铁骑如利刃般的踩踏中，士兵们全部被灭尽，鲜血染红了脚下的荒野，这路兵马最后全部覆身旷野。

而另一路以马林为首的明军，刚抵达距离萨尔浒不远的地方，就得知杜松军队全军覆没的消息，为了保全性命，他连忙调转方向，以"牛头阵"返归来时线路。他在尚间崖驻兵把手，背靠山脉作为屏障，在营帐四周派人挖出深沟，以防后患。还命人将红夷炮等重型武器安排在屏障周围，可谓极尽防范之能事。

等到萨尔浒战役圆满结束，努尔哈赤带领军队又踏上了征程，以北方的尚间崖为目的地。在行进过程中，因天色已晚，整队人马便露宿在巴尔达岗，以大贝勒代善为首的军队驻扎在哈克山，而其余贝勒们的军队则在土木河岸边把守。

次日天明后，努尔哈赤同皇太极选出千人精兵队伍，率先进入攻斡珲鄂漠，斩除了龚念遂、李希泌等战将，并奇迹般地消灭了敌军全部军队。

之后在尚间崖防守的明军遭到了暴风雨般的袭击，后金的铁骑没有忘记这里的明军，在八旗步军严整的战略规划下，最后亦惨遭灭绝，仅有马林一人得以逃脱，回到了开原。

在沈阳安然而坐的杨镐，还在期待着明军将领们凯旋，谁料在短短几日内就接连得到两路明军全盘覆没的惨烈消息，这才让他真正感受到努尔哈赤的威力，于是便急忙派遣人快马加鞭去告知其他两路明军尽快原路返归。然而，其他两路士兵仍未能躲过来势汹汹的金朝军队，在回返的路上都惨遭灭亡。总领杨镐听闻明军士兵皆已覆没，连忙带领剩余残兵赶回京城。回到天子脚下后，杨镐遭受了革职的处分，并被投放到监狱，最终仍未能逃脱死亡。

萨尔浒战役是决定明朝与金朝位次的决定性战役。在这次战役结束后，金朝的统治权更上一层楼，同时还将明朝辽东区域的主权划入金朝版图。而明朝则遭受重创，在此次战役中成为被动的那一方，辽东的局面从此焕然一新。

◤ 局势分析 ◥

萨尔浒战役仅持续了短短的五日，却在这期间发生了多达三次的战役，并且都以金军胜利为结局。由于战争的场地在萨尔浒，所以就被称为萨尔浒之战。

萨尔浒战役不仅对金朝具有战略性的影响，对于明朝来说更是一场生死攸关的战役。这场战争的意义体现在：

第一，明朝想削弱后金实力，而后金想要推翻明朝的独尊地位，对于任何一方来说，这都是一场改写历史的战役。

第二，这场战役中明金两方的关系一度遭到逆转，此后金朝的方针由防御变为进攻，而明朝的方针则从进攻转为防御。

第三，本次战役撬动了拥有两百年根基的明朝政权，在后金方面，不仅是一场防卫战，更是对入主中原战事的提前预演。

说点局外事

在最初带领十三副铠甲起义时，努尔哈赤虽然一心想为父祖雪恨，但他没有选择对明朝硬碰硬，而是从最靠近身边的尼堪外兰开始攻击，直到他羽翼丰满，才将矛头对准了明朝。

在当时，明朝也为了拉拢这位英雄的儿子，不惜以重金和官位笼络努尔哈赤，希望他能够归附于当朝。只可惜，明朝没有料到，努尔哈赤在统一女真之后，首要的目标便是霸主中原。

于是在公元1616年，金朝在历史上亮相之后，努尔哈赤的目标转移到了抗击明朝上，而不是单纯的小打小闹，是实打实地想要进行改朝换代的战斗。

在金朝建成后的第三年，也就是公元1618年，努尔哈赤正式掐断了与明朝间的外交联络。这一年的正月，努尔哈赤下诏宣告道"今岁必征明"。

果不其然，在三月初，金朝浩浩荡荡的军队便举兵南下，开始了征讨明朝的旅程。他们的首站定在辽宁抚顺城。又过了一个月，努尔哈赤率领两万士兵，在出征前留下"七大恨"，从此断绝了与明朝间的关联。

他所说的"七大恨"为：

1.努尔哈赤的父亲和祖父在明朝炮火下丧生的深仇大恨。

2. 明朝支持纵容叶赫、哈达二部，使建州陷入边缘，导致女真部落内部分裂的大恨。

3. 明朝无视双方自古划定的领土，反倒以越境杀人罪要求努尔哈赤偿还。

4. 叶赫氏作为建州族的宿敌，遭到明朝士兵的庇护，而建州却被封堵。

5. 在明朝的包庇之下，叶赫族胆大妄为，不守诺言地将"老女"嫁往蒙古。

6. 努尔哈赤在柴河、三岔、抚安等地垦种，却被明朝严令逼退，所种植庄稼全都上交给了明朝。

7. 在建州的领域内，有不少明朝辽东当局的守备员坐享其成，贪赃枉法，为己谋利。

这不仅是努尔哈赤的"七大恨"，也是明朝对整个建州女真所犯下的罪过，所以努尔哈赤发动的抗明之战，亦是属于建州女真的崛起之战。

没过多久，抚顺、东州等地便相继落入努尔哈赤的手中。到了这一年的七月，金朝军队已行入鸦鹃关，在下一步攻陷清河堡。

清河堡遭到占领之后，明朝陷入恐慌当中。为了加固在辽东区域的统领权，明朝对金朝的势力给予了遏制性的抵押，发动罕见的大规模战役，但仍旧在萨尔浒为金朝铁骑所败。

努尔哈赤死亡阴翳

努尔哈赤一生戎马，在年仅二十五岁时，便起兵反义，在五十八岁时创建后金政权。他的一生可谓绮丽多彩、壮观宏大。等到他年近六十岁时，仍然没有忘记扩张版图的宏大愿望，亲自率兵侵入摇摇欲坠的明朝属地。

在不到十年的时间里，明朝辽宁的多数区域变成了满族人的江山。

公元 1626 年，努尔哈赤还没完成征服全中国的大业，便辞世而去，终年六十八岁。这一年，他发动了宁远战役，和明朝大将袁崇焕展开了长久的战斗。努尔哈赤死后，他的遗愿得到了儿孙们的继承，而他的死亡却成了千古难解之谜。

他的死因不仅成为人们心中的问号，更是许多研究人员无法说明的疑问。

有类说法称，努尔哈赤乃是被明朝的红夷炮所伤。公元1626年，努尔哈赤的六万军队势如破竹，一直行进至中国南方，没有受到任何抵抗，便收获了八大城。

不久后，他的军队抵达宁远城，不过这次他遇上的不是任人宰割的懦弱之辈，而是刚烈顽强的名将袁崇焕。在努尔哈赤提出征降的要求时，袁崇焕义正词严地否决了他的要求，并同万民一起拼死守卫城池。

在宁远，城楼上的士兵们在楼顶摆上了十一门红夷炮，此炮威力巨大，能进行远距离的发射，置敌人于死地。红夷炮本是产自英国的兵器，传入中国之后被改进、加工，成了更具威慑性的火器。由于满族坐镇中原，不宜用"夷"，遂改名为"红衣大炮"。

在宁远，士兵们使用了红夷炮之后，努尔哈赤的士兵果然伤亡惨重，不得不撤退到更为安全的地方，以防全军覆没。

在红夷炮的强烈火势下，冲锋在前的努尔哈赤究竟有没有被炮火击中呢？这一疑问，并没在中国史书中获得解答，却在朝鲜人李星龄的著作《春坡堂日月录》当中得到了答案。

《春坡堂日月录》中记载道，从朝鲜来的翻译官韩瑗与袁崇焕相处融洽，二人相见恨晚，在清军兵临城下时，袁崇焕便将他带往前线，随自己在沙场打拼。

由于亲临战场，韩瑗对于整个战事的发展过程都十分的了解。据韩瑗的著作透露，在这场战事完结之后，袁崇焕为了讥讽战败的努尔哈赤，派了使者向努尔哈赤赠送礼物，以表"歉意"。

文中说"老将横行天下久矣，今日见败于小子，岂其数耶！"在得到袁崇焕的"赠礼"之后，努尔哈赤虽然"先已重伤"，却仍然备好了礼品欲向对方"答礼"，然而礼还没送到，却不幸"因懑恚而毙"。

从这条珍贵的资料当中，我们可以确定努尔哈赤确实受到重伤，且在不久后便离世。当时的努尔哈赤不单单是肉体的重创，又兼精神的受挫，在两相折磨下，最终命丧宁远。

对比明朝时期的史料，我们能够得知明军曾射杀过一个"大头目"，而众多史学家们指出，这里的"大头目"是努尔哈赤的可能性十分大。

不过，令人感到困惑不解的是，清朝官修史料中，努尔哈赤的死被记录为因病而死。究竟努尔哈赤因何病而死，文中也没有详细地记载。

不过从中我们可以得知，努尔哈赤在宁远遭受红夷炮的袭击后，伤口没有得到及时的治理，并且精神上一直郁郁不平，导致他的伤更为严重，最终在沈阳不治而亡。

众多学术界的专家们也都认定，炮火伤就是努尔哈赤的关键死因。

为了巩固军心，清朝史官选择隐瞒实情，将努尔哈赤被红夷炮所伤的事实尘封谷底，也是可以推测并给予理解的事实。故而，我们能够大胆认定，努尔哈赤在攻占宁远时，遭炮弹重伤，并且因此不幸罹难。

除了上述推理之外，另有推测指出，努尔哈赤是因为宁远攻城战失败而死没错，但是他的具体死因却并非因为炮伤，而是由于兵败之后郁郁而终。

在努尔哈赤的死因显得扑朔迷离之时，清朝史学专家李鸿彬对《春坡堂日月录》的异议又好比一颗深水炸弹，激起了层层迷雾。

他的疑问点一是：翻译官韩瑗毕竟了解了努尔哈赤"先已重伤"的事实，那么袁崇焕必定更为清楚事件的发生情况，然而为何袁崇焕在向明朝报告战事的呈文里，却只字未提努尔哈赤被红夷炮重伤的事实。

值得质疑的问题之二在于：努尔哈赤从宁远撤退的时间是公元 1626 年正月，而他辞世的时日则是八月二十日，之间时隔八月之久。努尔哈赤为何回到沈阳之后，没有立即投入治疗工作，反倒拖延了如此长的时间，导致自己走上黄泉路呢？

并且据史料记载，在长达八个月的"抢救期"间，努尔哈赤没有一日不在外奔忙，还曾多次举兵进攻其他区域，完全没有受伤的痕迹存在，故而努尔哈赤的死因还不能妄加推断。

◤ 局势分析 ◢

努尔哈赤作为清朝的奠基人，也是最后一代封建王朝的开创者。当代著名作家金庸先生曾经评价他为可以和成吉思汗相媲美的四百年来罕见的军事奇才。也正因如此，他的死亡越是显得疑团重重，难以解读其背后的缘由。

他的死亡牵扯到了多重方面，在清朝史官这边意味着是否如实记载，由于努尔哈赤非同一般的地位，让他的死对整个清朝来说都事关重大。一旦叙述不得当，就可能令清朝开创者蒙受不耻之辱，而封建王朝是最看重国家清誉的。

关于努尔哈赤的死因，虽然本国资料没有相关记载，但在朝鲜翻译官的随笔中却有意外收获，这不得不令人感叹加怀疑，感叹的是中国史书不能如实载录的，外国人竟然为我们保留了珍贵史料，怀疑的是这类史料究竟能否作为考察依据，毕竟疑团重重，难以在一时得出结论。

说点局外事

红夷炮是明代仿照西方制造的武器之一，它诞生于明朝中期，是和佛郎机炮规模相似的火炮类型。红夷炮的原产地位于荷兰，在明神宗统治时期传进中国。

古代典籍《明史·兵志》中对红夷炮的形制记载道："大西洋船至，复得巨炮，曰红夷。长二丈余，重者至三千斤，能洞裂石城，震数十里。"

若将两种西洋兵器进行比较，佛郎机炮固然比中国火炮具有先进性，但如果和红夷炮排列在一起，佛郎机炮的承压力明显下降许多，而且红夷炮的铜铸管形更加厚实，威慑力也自然较其他火炮更强大。

在金军不断入侵明朝边境时，当时的皇帝曾经下令重制红夷炮，担此重任的官员有李之藻、徐光启等朝廷重臣，于是在明朝末期，武军部队刮起了一阵制造红夷炮的风潮。

就在红夷炮大量制造出来后，大将袁崇焕利用它的威力，击退了后金部队的侵袭，让金朝大汗努尔哈赤遭受重创。

中西融合的火炮，更有先进性和威慑力，更能够打胜仗。明朝时期的火炮，正是在源源不断地西方技术的传入下，才得以发展得如此迅猛，达到火炮技术的最高峰。在《练兵实纪杂集》的记载中，著名将领戚继光曾在军队中安装有几百门佛郎机炮，并在各大战役中发挥出它的巨大效用。

在明朝时期，佛郎机炮与红夷炮的出现，让国家军事实力更加强盛，保卫边疆的能力也较从前更为强大。

皇太极南面独坐

公元 1592 年，皇太极也就是后来的清太宗诞生，他的父亲便是鼎鼎大名的清太祖努尔哈赤，他在努尔哈赤的所有后代中排行第八。

由于当时清朝统治中原后，受到了汉族浓厚的文化影响，所以选择继承人一事上也开始遵循嫡长子继承制。而一旦按出生顺序算来，皇太极排行第八，继承皇位显得遥不可及。

最重要的是，皇太极年幼丧母，无依无靠连个胞兄弟都没有，想要突出重围，夺得皇位谈何容易？

就在公元 1616 年，皇太极被授予和硕贝勒的称号。在封为贝勒之后，高瞻远瞩的皇太极，决定随趋势的发展使满族政权进一步完成封建化。

皇太极还曾委派众多士兵前去计算土地数量，将余田尽数归公，并分发给无田可种的民众使用。这些措施都得到了广大民众的强烈反响。此后，还规定满族贵族、旗主等高层阶级再不准自立田地，擅自划分耕种范围。又将原本作为每十三人为一庄的政策，改为每八人为一庄，"其余汉人，分屯别居，编为民户"。

皇太极还曾下诏检审人丁，为大量奴婢放行，并选入常规编民。这些策略都是皇太极大力推广且获得有效回报的，然而在另一方面，满族贵族的权益却受到了束缚。

这些措施令当时农业生产更为发达，也让封建化进程得以加速前行。皇太极十分尊重汉族传统文化，有众多汉文典籍在他的监督下被出版发行。

皇太极为了争夺皇权，在公元 1626 年努尔哈赤死后，以贝勒之尊废除了四位贝勒共同议政的策略，独自"面南而坐"，掌管了当时清廷的内部政权。

他先是革除了二贝勒阿敏的干涉权，又进而将三贝勒莽古尔泰降职，就连大贝勒代善也未能幸免，虽然这一系列的行动看似像是为了集权，可事实上这却关系着满族的整体发展。这又是为什么呢？

"金国大汗"是皇太极在位时所取的名称，而那只是徒有虚名的"皇冠"

而已。在皇宫内议政时，需要皇太极同四个儿子，也就是四个贝勒一起决定政事。在早朝之上，所谓的文武百官跪拜的是皇太极和他的三个贝勒。

清朝的奠基人努尔哈赤由于声望过高，虽说仍有四大贝勒的"协助"，却依然能够独章朝政，大小事宜都要经过他的审定才能通过。

而他的儿子皇太极登基后，文武百官对待他和努尔哈赤差别甚大。并且按照封建嫡长子制度，他的排行根本不能继任皇位，故而他必须将权利暂时分给三位兄长。

皇太极虽然身为皇帝，他的身份还不能让长兄之位发生改变，每逢节庆到来，他还是必须向三位兄长行大礼，以表恭敬。

自从登上皇位之后，皇太极一刻也没有停止排除异己的步伐，他将心腹臣子全都安排在重要的场合，而不服从他的臣子们则遭到了惨烈的惩罚。他的亲兄弟们也都成为他夺权之路上的必须铲除的障碍。

皇太极在打败了三大贝勒之后，他的满洲皇帝的地位已稳如泰山，任谁都不能再动摇一分一毫。皇太极不仅积极遵循父亲的遗训，也将他未遂的心愿一一完成，无论是入主中原或是建立"旗主共管"制度，他都无愧于他的父亲。

皇太极又将明朝制度搬入清廷，仿建了内三院和六部，规定"停王贝勒领部院事"，专管内部事宜。还将都察院与理藩院搬进清朝体制，设立了一套较为完美无缺的执政体系。

政权的集中为皇太极的皇权统治铺平了道路，也让统治更为专权。皇太极设立蒙古八旗、汉军八旗的原因在于他想要使军队来源更为扩大。

他还重视民族文化的保护，派遣专门的学士增修满文，并创建了新一代的满文。那时候，在外交政策上，皇太极积极联络蒙古与西藏地区，还为此大力弘扬了喇嘛教。

局势分析

皇太极即位之初，整个后金政权处于各方政权的包围之中，北面有蒙古，东北有朝鲜，南面又是后金的劲敌大明朝，三方势力相互勾结，外交上完全处于孤立的状态，随时都有顷刻间覆灭的危险，形势十分严峻。后金内部权力分化严重，努尔哈赤的后辈们多数手握重兵，战功显赫。虽然皇太极经过几番角逐登上了汗位，但是这位天聪汗与他白手起家的父亲努尔哈赤相比，权力受到了极大制衡，虽然名义上他是大汗，但实际上后金当时却有四个人当家作主。这种权力并存的局面让后金政权面临着分崩离析的隐患，其他三大贝勒都有可能颠覆他的大汗之位。

四大贝勒中的二贝勒阿敏是努尔哈赤的侄子，其弟舒尔哈齐的儿子。后来舒尔哈齐背叛了后金，企图称王自立，被努尔哈赤幽禁至死。从血缘关系来讲，阿敏相对于其他两个贝勒关系较远，势力单薄。除此之外，阿敏性格偏激，做事情非常容易冲动，并且和他同父异母的兄弟济尔哈朗等人关系也差，以至于在以后皇太极对他清算时无人站出来求情。综合以上原因，阿敏成了皇太极"南面独坐"的首选目标。

天聪四年（1630）五月，孙承宗组织了六万兵力准备收复被后金攻占并控制的"永平四城"，即永平、遵化、滦州、迁安等四城。负责防守四城的总指挥阿敏手中不到两万人，并且分散在四座城池之中，面对势在必夺的明军，阿敏选择了弃城出逃，保存实力。明军顺利地攻下永平四城，孙承宗派大将祖大寿对溃败的后金军队设伏阻击，阿敏的镶蓝旗军队遭到了重创。选择保存实力弃城出逃的阿敏给了皇太极找他清算的机会，兵败的皇太极逃回盛京之后，皇太极就召集各大贝勒细数阿敏"十六条罪状"，并被幽禁十年。

天聪五年（1631），皇太极亲率八旗军队主攻大凌河，莽古尔泰与德格类率领正蓝旗部队作为策应。当合围大凌河的时候，莽古尔泰被明朝总兵吴襄袭击，部队遭到重创。皇太极得到奏报后大怒，指责莽古尔泰的军队不听指挥，延误了军机，并削去了他的爵位，降为了普通贝勒。自此莽古尔泰也失去了与皇太极分庭抗礼的实力。此后不久礼部参政李伯龙公开提出朝见仪式需要修改，"莽古尔泰不应当与上（指皇太极）并坐"。

大贝勒代善看到阿敏和莽古尔泰的下场之后，选择了明哲保身，不再与皇太极共同受坐，主动表示"我等奉上居大位，又与上并列而坐，甚非此心所安。至今以后，上南面居中坐，我与莽古尔泰侍坐于侧。"皇太极终于废除了与三大贝勒俱南面坐、共理政务的旧制，改成自己"南面独坐"，取得了汗的独尊地位。

皇太极进入中原后，没有强力抵制汉族文化，反倒对华夏民族的智慧加以运用，许多明朝的政策被实施在清廷中，国家的体制与传统汉制别无他样。满洲国也因此得到了飞跃的发展。

公元1629年，皇太极下令建设修复古籍、记载历史的文苑，任命许多儒臣担任史臣之责。公元1636年，文馆被改称为内三院。

每个院都有官员分管，他们被称为大学士，分级而定所属之别，设有学士、主事等下吏。清朝的官员中满、蒙、汉各族人员都有一席之地。

作为国家部门中不可或缺的一部分，内三院经历了不同阶段的变革。公元1631年，皇太极在借鉴明朝政策之后，共建立吏、户、礼、兵、刑、工等六部。

这六个部门各有一位贝勒担任主要职责，下辖十三名部员，其中满族承政有两名，蒙古族承政占据一位名额，汉族同蒙古族待遇相同，另有参政员八名，启心郎一名。

公元1636年，清廷中开始出现都察院，专门负责监督审查在朝官员。

除了进行朝廷结构变革，皇太极还将科举制度应用在当朝，命汉官考选进士，并且翻译了众多汉族典籍，使汉、满文化得到了良好的交融。

公元1635年，皇太极考虑到后金实力逐渐增强，羽翼也渐已丰满，遂昭告天下启用"满洲"一名，而"女真"称号则被废除不用。

在下一年的四月份，皇太极正式去除"汗"的称号，开始启用"皇帝"一词，从此"大清"成为一国之名被载入史册，元号"崇德"。

洪承畴归降清廷

洪承畴在历史上的"复杂"程度不亚于吴三桂。这主要跟他叛明投清有着分不开的关系，也因为此事，人们对他的评价也褒贬不一。

洪承畴出身于家道中落的贵族家庭，是武荣翁山洪氏的第十二代孙，属东轩五房，那也是书香门第。洪承畴就出生在丰州锦田村外祖父傅员外家。

傅氏教子极严，洪承畴从启蒙初始就是在傅氏严厉的教导下成长起来的。他童年就入溪益馆读书，读书很用功。《史记》《三国志》《孙子兵法》《资治通鉴》等书都被他认真的研读过。

看过大量的书籍后，他立下了治国平天下的愿望，并为此拼搏了半生。他在水沟馆愉快地度过了五年时光，之后又到了泉州城北学馆读书。1615 年，也就是万历的四十三年，此时洪承畴二十三岁。他赴省参加了乡试，考中了第十九名举人。第二年，他又赴京会试，捷报发来，考中二甲第十七名，赐进士出身，洪承畴就此走上仕途。

洪承畴最开始是在刑部供职，先后曾任刑部的主事、员外郎、郎中等职。在刑部任事六年后，因为其才学被朝廷所器重，所以擢升为两浙提学道佥事，江西兵备道按察副使。天启七年（1627），任陕西督粮道参政。之后，洪承畴的官运可谓是一路亨通。

十年之间，洪承畴转战北国沙场，战功彪炳，他为明王朝立下了汗马功劳。洪承畴也因此成了明末重臣，被皇帝倚重，百姓信赖。正当洪承畴还在为明王朝殚精竭虑的时候，改变他一生的重大转折到来了。

原来，就在明王朝镇压起义军的时候，关外的皇太极继位了。皇太极继位后，进行了一系列的改革措施，使得清政权日益完善，国力军力都有了长足的增长。长久以来在山海关外的盘旋生活，加上满清对中原觊觎已久，让皇太极终于下定决心要攻克山海关和锦州，拼尽全力打通去往关内的道路，继而占领北京，将明王朝赶出历史舞台。

崇祯十三年（1640），皇太极率兵包围锦州，边关告急。洪承畴临危授命，被调任蓟辽总督，领陕西兵东上，与山海关的马科、宁远的吴三桂两镇合兵，互为犄角，共同抵御清军。可是，清军来势汹汹，锐不可当，塔山、杏山先后沦陷。为了挽救辽东的局势，洪承畴集合八总兵的兵马，共计精锐十三万军队，出山海关驰援宁远，与清军在锦州交锋。

皇太极围攻锦州的战略意图是通过长期围困使得明朝放弃锦州，从而就在明朝的关防上撕开了一道口子。作为军事统帅，洪承畴十分明了皇太极的想法，他为此也想到了应对之策。那就是且战且守，步步为营，令敌自困，然后解围，这样就能够暂时的解决锦州危机。可是，愿望总是美好的，具体实施起来却非常困难。

洪承畴不想出战，可是兵部尚书陈新甲却别有用心极力主张速战解围，并派张若麒任监军从中作梗。洪承畴束手束脚，一人难以支撑。再加上屋漏偏逢连夜雨，粮草这时又被劫了，前有强敌后无援军，一时间军士斗志低迷。

皇太极得知此情，趁机出兵，总兵王朴率先逃跑。大家本就存着去志，此时看到领头的都跑了，于是各军纷纷疲于奔命，还没等清军攻打，明朝军队先是自溃不成军了。

而那些逃跑的明军也遭到了外围清军的伏击，损失惨重。洪承畴被清军围困在松山城，孤军作战长达半年之久，没有粮草，没有援兵，处境异常的艰难。次年二月十八日夜，松山城守副将夏承德看到明朝已经无力指望，为了生存，他向清军秘密的投降了。有了他做清军的内应，松山城轻而易举地被攻破，洪承畴被俘。

他被俘后，全军无首，再加上此时锦州的明军已经被围困的筋疲力尽，无力再战，于是在锦州守将的领导下全部降清了。就这样，明朝的锦宁防线不复存在，明朝的灭亡指日可待。这就是历史上有名的"松山之战"，它不仅改变了明朝的历史，同样也改变了洪承畴的命运。

清军俘获洪承畴后，知道他是个重要的人物，当即就派人把他送往盛京。到达盛京后，皇太极多次命人对其劝降，可是洪承畴宁死不屈。皇太极惜才也不忍心将他杀死，只能将他囚禁着。

历史上人们对洪承畴的投降原因众说纷纭，没有定论。不过在《清史稿·洪承畴传》中明确记载，是皇太极接受范文程、张存仁的意见，亲自到三官庙中的囚室看望洪承畴，还解下自己身上的貂裘披在他的身上。洪承畴受到如此礼遇，感慨万千，心里明白明朝已经大势已去，随即归降了清廷。当然洪承畴的投降，还有许多方面的考量，例如对清廷前途的信心等。

归降后的洪承畴，被皇太极安排在了镶黄旗汉军中，表面上对其礼遇有加，其实从未对他放松过防范，这也是人之常情，降将大多都会碰到这样的事情。于是，在皇太极一朝，洪承畴大多待在家中，除了偶尔有人来咨询外，他没有获得任何的官职。这样的情况，到了顺治朝后，有了明显的改善。那时，清朝已经进京，顺治帝登基时尚年幼，庄妃就为他请了一个汉学老师，就是洪承畴。

顺治帝对洪承畴十分器重，任命他为太子太保、兵部尚书还兼任都察院右都御史，入内院辅佐整理军务，授秘书院大学士，至此成为清朝第一位汉人宰相。洪承畴也没有辜负顺治帝的信赖，他采取了以抚为主，以剿为辅的策略，实施了一系列减轻百姓负担、振兴经济发展的措施，使得清朝得到了初步的安定。

在措施的实施过程中，他都是尽可能地避免武装冲突和流血事件的发生，这对清朝迅速统一和安定社会起到了至关重要的作用。洪承畴于康熙四年（1665）去世，谥号"文襄"。

可以说，洪承畴的降清为他招来了骂名，成为"大节有亏"的人，也因此被乾隆皇帝说成了"贰臣"。可是，"忠君"与"气节"这一标准，我们如何衡量？作为一个历史人物，我们评价他应该更加客观、实事求是。

从历史发展的角度来说，他的功还是大于过，他的降清对当时国家的统一和社会的安定、百姓的安居有着一定的积极意义，于国、于民皆有利。就为了他舍得一身清誉，为国家和百姓求得安定的这种精神，他也是一个响当当的英雄，值得我们为之敬仰，这样的人并不多。也正因为不多，才为之珍贵。

局势分析

明朝的将领大多是有血气的汉子，即使被敌军所俘虏，也依然能够保持气节。张铨便是其中一位，他在战败后被清军下放至牢狱，面对清廷的百般诱惑和威胁，他依然不为之所动，最后绝食而亡。

在自知将不久于人世之后，张铨用仅存的气力跪向南方拜祭，表达自己至死不悔的忠于明朝的信念。

在张铨之后，还出现了一位张春，他也誓死不愿归降于清廷，打算在清廷被明朝打败后，再回归明朝。

皇太极不忍心杀害这位忠勇的将领，于是便把他移送至一个庙里，张春便在那里等待明朝胜利的消息直到老去，也最终在那里寿终正寝。皇太极十分看重这种品质，认为这是将相们效忠朝廷的最高表现。

皇太极还命令当时的清廷官吏效仿明朝将士，并要求他们对儒学多加研习。

说点局外事

公元 1642 年，也就是大明崇祯十五年，明朝将领洪承畴在松山一战中败下阵来，成为清廷的俘虏。明朝的思宗帝还以为洪承畴早已战死沙场，想要为他举办隆重的葬礼，以王侯之礼下葬，随后上朝一事被停止三日，皇帝还特别为他写了《崇祯皇帝御制悼洪经略文》。

只是葬礼的余音还未散去，就传来消息称原来洪承畴非但没有死，还归顺了清廷，成了明朝的叛臣逆子，这让明皇帝即痛心又尴尬，遂立即收回了先前的葬礼安排。

之后，洪承畴随清军出征江南地区，遇到前朝官员，被众多骂语打击的体无完肤。

四向开疆

登上皇位后的皇太极，在疆土的开拓上倾尽全力，四面开疆，为清廷的领土扩大作出了重大的贡献。他开疆扩土的步骤主要有以下四步：

首先，争霸朝鲜，向东出击。天启七年（1627）一月，皇太极长久以来征服朝鲜的计划终于开启，二大贝勒阿敏等齐上阵，大批人马戎装待发，为踏上征途而信心满满。

在阿敏的统领下，大军整齐划一地向东行进，渡过流水湍急的鸭绿江，以迅雷不及掩耳之势占据了平壤。朝鲜因势利低弱，请求与清军和解。是年三月，清军与朝军在江华岛祭祀焚香，共同立下盟约，再不互相侵扰。

在皇太极即位之时，朝鲜一方撕破嘴脸，拒不承认当初的盟约，还抗拒为清太宗行礼跪拜，导致朝鲜与清廷间的关系进一步恶化。

皇太极痛下决心，再次征讨朝鲜，让他们付出血的代价，明白与清廷对抗的后果。崇祯九年（1636）十二月，皇太极亲自率兵远赴异乡，讨伐毁约之国朝鲜，并侵入了朝鲜当时的首都汉城。

而朝鲜的皇帝李倧早已逃之夭夭，据传在南汉山城藏匿。不愿放弃的皇太极没有停下脚步，而是以更加迅猛的速度追讨至南汉山城外，并在那里安营扎寨。

时间很快来到了次年正月，朝鲜皇帝李倧举旗投降，向皇太极求和，并承诺每年派遣使臣供奉贺礼。故而，在汉江东岸，皇太极设立三田渡祭坛，在上面进行受降仪式，从此清廷与朝鲜再次开启"君臣之盟"。

皇太极在降服朝鲜的同时，总共达成了三个目的，其一是为日益加剧的朝鲜、清朝间的关系找到缓和点，其二是从朝鲜一方得到更多的物资供给，其三则是为清廷讨伐明朝解除了潜在的危险。

其次，讨伐索伦，向北进发。皇太极派兵北征，剑指肥沃的黑龙江黑土地以及江河沿岸的大片领土。皇太极的征战计划是"慑之以兵，怀之以德"。

巴尔达齐是达斡尔族的首领，他们生活在精奇里江附近的多科屯。皇太极的宗室女儿为巴尔达齐的内人，皇太极便是他的岳父。没过多久，另一草原部落索伦部率领车马贺礼不远万里来到沈阳，向皇太极表示顺从。

对于索伦，皇太极在崇德年间曾有两度发兵征讨的经验，达斡尔的另一位首领博穆博果尔率兵迎战清军。在黑龙江上游附近，两方在雅克萨和呼玛尔等地相逢发生激烈战斗，经过一番殊死拼搏，清军最终战胜达斡尔人。

博穆博果尔见胜败已定，便急忙率领残余势力，向更为遥远的北方逃匿。然而，皇太极并没有放过他，而是利用"声南击北"的策略，在他们北窜的必经之路埋下骑兵，守候他们的到来，最终在齐洛台生擒博穆博果尔。

皇太极在征讨过程中，并不一味地利用武力，而是征抚并施，强调和谐受降。在北征的过程中，他收复了贝加尔湖以东、外兴安岭以南、乌苏里江以东到鄂霍次克海的大片领域。清朝的版图又有了进一步的扩大。

其三，征讨蒙古，向西进兵。在明朝末期、清朝还未入主中原时，塞外的蒙古部落主要分布在三大区域：在漠南地带居住的部落，是为内蒙古；在漠北分布的部落，是为外蒙古；而在沙漠以西分布的部族，被称为厄鲁特蒙古。

沙漠以南的蒙古群落，在明朝疆土跟后金领土的夹缝间生存，他们归属于明朝政权，共定盟约对抗后金政权。成吉思汗的后人林丹汗，也就是沙漠

以南察哈尔部的大汗。他实力雄厚，军事力量强大，在草原上自称是称霸蒙古的大汗。林丹汗每一年都要从明朝获得一笔不菲的"岁赏"，以便更好地对阵后金政权。

随着女真部落的逐渐崛起，努尔哈赤征讨草原部族的范围越发宽广，漠南蒙古众多部族都尽数归降后金。然而令努尔哈赤震惊的是，察哈尔部在林丹汗的指挥下，竟然顽强地抵抗了数次金兵的侵扰。

等到皇太极坐上皇位，曾向西部三度出兵，兵指林丹汗的铁骑利刃。

公元1628年，漠南蒙古诸族内部混乱，险象丛生，皇太极乘虚而入策动反林丹汗的部落，共同组成联盟，亲自率军征讨林丹汗。

清军从东部出发抵达敖木伦，俘虏了万人左右，首战告捷，随后立即赶往兴安岭附近。时隔四年，清军部队再度西进，讨伐林丹汗。经过长途跋涉，终抵归化城，也就是现今的呼和浩特市。

这次林丹汗没有迎战出击，而是赶忙逃奔他乡。皇太极掉转方向，率兵回归，结果在路旁虏获百姓数万人，牲畜更是不计其数。且说林丹汗逃窜之后，察哈尔部群龙无首很快便散成一盘沙子。林丹汗在逃亡途中染疾而亡，病死在青海打草滩。

公元1635年，皇太极决定给散乱的察哈尔部以致命的一击，再度派兵征讨察哈尔部，此次率军的首领是多尔衮。

林丹汗的长子额哲自知无法对抗，便交呈全部统领权以及传国玉玺，向多尔衮请求和解。要说这玉玺的来历，可以从汉朝算到元朝，历经无数个朝代的洗礼，许多帝王都曾携带在身旁。

元顺帝向北逃难的时候，不幸死在途中，这玉玺也从此不知去向。直到两个世纪之后，一位牧民发觉有只羊历经三天不饮不食，每日只是不停歇地用蹄子刨地。牧民便十分的纳罕，遂在羊刨的地上继续深入挖掘，最终发现了那枚玉玺，并将它已送到林丹汗处。

这颗"一统万年之瑞"的玉玺，最终流浪到皇太极的手中，好比上天默认了他的统治似的，皇太极接到后喜不自胜，连忙举办祭祀典礼，亲自拜谢苍天。

两相对抗超过二十年的察哈尔部，最终归降于清廷，至此沙漠以南的蒙古部族全部归属清朝疆土。

最后，五征中原，向南进兵。皇太极五次率兵入关，与明朝进行了长久的拉锯战。清军曾在大凌河战役跟松锦战役中取得过胜利。

首次征明是在公元1629年，皇太极率领重兵，从蒙古地区绕道而行，至大安口打赢第一站，而后攻击北京城。二度征明是在公元1634年，又是皇太极亲率大军，横扫宣府、大同等地域。三度征明是在公元1636年，皇太极任命多罗郡王阿济格为统兵大元帅，率军攻入山海关，过延庆，攻居庸，克昌平，夺京师。

而后，由阿济格统领军队在北京附近以各个击破的方式，最终成功进入京师。在本场战役中，统帅阿济格向朝廷上报到：五十六场战役皆胜，共虏获十七万人畜，攻克十六座城池。当他们返归沈阳时，各色艳服闪耀兵骑，悦耳的凯歌奏响耳畔，皇太极还专门题写"各官免送"的匾额赠予他们。

四度征明是在公元1638年，多尔衮在皇太极的钦点下率兵征讨明朝，征讨的范围延展至济南。在出兵征讨的半年时光里，行军里程达到了两千余里地，在济南城内攻克三州，虏获人畜五十万左右。

第五次征明是在公元1642年，由阿巴泰再度攻明，扫荡山东大部分地区，获三十六万人口，牲畜多到漫山遍野都难以容纳。

在皇太极的派遣下，清廷的铁骑曾五次入侵关内，攻陷北京城，在济南等地大肆掳掠，以前所未有的威力震荡了中原大地。皇太极的智略和胆识在当时以千军万马的奔腾之势，展现在中原封建王朝面前。

局势分析

对于清廷来说，最大的威胁还是来自延续百年的明朝，想要攻克他们必须扫清周边势力，而围绕在东西北方的莫过于朝鲜、苏伦、蒙古等外族势力，剿灭了他们也就相当于铲除了部分明朝势力。

皇太极的计划清晰有条理，他首先出征朝鲜是看重朝鲜的势力濒危，且在东边位置上利于镇守边疆。在出征朝鲜的过程中，虽说距离遥远，但征服仍是值得的事件，征鲜之旅依然收获良多。

其次的目标是征讨北方的索伦，可以说他的征战计划是由弱到强的过程，在索伦势力被瓦解后，东面和背面的威胁势力都已消散瓦解，唯剩西面的蒙古部族仍保有活力和生机。

皇太极的计划是以围攻明朝为核心目的，如若想要达到明朝，最有效的方法莫过于以外围攻入，自外部缓慢渗透进内里，犹如唇亡齿寒的道理一般。

最后的蒙古部落在清朝猛烈的攻击下，虽然有林丹汗的顽强抵抗，终究败在历史规定的路线中，清军最终又照计划碾平蒙古草原。

接下来就只剩居中的中原大地了，作为垂涎已久的地方，还未来得及防范，便已被龙卷风似的清军势力所席卷，尤其在孔孟之乡鲁地，一场暴风雨正在猛烈地侵蚀那里的大地和人民。

皇太极的这一系列的计划，令濒临颓败的明王朝快速灭忙的同时，也为后来入主中原奠定了基础。

说点局外事

从元朝陨灭之后，蒙古势力一直在塞外游荡，不仅失去了巅峰状态，内部势力也临近分散的节点。由林丹汗掌权的察哈尔部是其中势力最为强大的部落。

林丹汗是蒙古大汗中的最后一位接任者，他的祖父布延薛禅汗去世后，将汗位交付于长孙林丹汗手中。林丹汗自十三岁起，便在部落高层中学习执政，长大后带领着察哈尔部走向高峰。

林丹汗的玉玺是元顺治时期仍在流传的宝物，在征战途中曾一度丢失不见，传闻是一只羊发现了它的踪影，而后由牧羊人将它附赠给了林丹汗。

林丹汗作为蒙古的最后一位大汗，最终在逃难途中死去，他的部众们也由此四散而尽。

皇太极薨世

皇太极继承了父亲努尔哈赤的勇猛刚烈，在抗明战争中展现出卓越的军事才能和统治才能。他是清朝的第二任皇帝，在他在位期间，清军建立了雄厚的实力，对满汉历史更替产生了巨大影响。

然而，在皇太极事业渐趋平稳之时，五十二岁的他却因为疾病，在明朝尚未平定前，就匆匆地离开了人世。

据传，皇太极长年受到心脑血管疾病的摧残。分析他的性格特征，可以看到皇太极性情果敢、雷厉风行，不过也有着情感丰富、感性夺"权"的时刻。性格的缺点，造就了皇太极多舛的命运。他的性格弱势就是不善"己合"，也就是不能够调节自身的平衡。主要反映在几个方面：

首先，急火攻心，不能自持。在部下犯上，或计划难以如期执行时，皇太极总会大发雷霆，气焰足以持续很久很久，这一段时日内，身边的人们很难得到安宁，他自身也会因体虚神衰而卧病三日。

公元 1641 年，清朝军队攻打辽宁锦州，首领济尔哈朗、多铎等部下"离城远驻，任意田猎"，致使锦州城打开城门迎入明军救援物资，让他们有了喘息的时日。

听闻这一失败的军事策略，皇太极勃然大怒，立即下令不准放军队入京，谁若与他们勾结一处，必当问斩。

幸亏大学士范文程等进言相劝道："国中诸王贝勒大臣，半皆获罪，不许人署，又未获入觐天颜，臣等思伊等回家日久，复近更番之期，各部事务，及攻战器械，一切机宜俱误，望皇上少霁天威，仍令人署办事。"

即便如此，皇太极仍然气恼了三天三夜，才准许统帅首领们各入其署，不过仍旧不能进入大清门内。

见皇帝盛焰已消，范文程抓住时机，又上奏道："获罪诸王贝勒等，俱系皇上子弟，……令其入朝会公所未知可否？"皇太极没有答应。

郡王贝勒只好仍然在署内安住办公。又过了十几天，在多尔衮的带领下，众臣子向范文程说道："我等获罪深重，蒙皇上深恩从轻处分。我等愚诚，既不敢亲奏于上，若缄默不言，皇上必不召见我等有罪之人，自当哀恳，上必宥而见焉。然心中惶惑莫定，未审如何乃善，烦为我等议之。"

皇太极召集众位贝勒郡王，准许他们入朝会之所，在户部办事大臣有来往，可照旧前来奏事。

时隔几日，范文程又奏曰："诸王贝勒大臣当必欢忭，奏请谢恩，可否勉从其请，伏候上裁？"皇太极并未允诺。范文程等传告谕旨，召王贝勒众大臣，择日入大清门办公，自由出入朝内办公。

在军政上，皇太极常意气用事，对待将领、郡王、贝勒严苛暴戾，显得不够理智，处理得也不够妥善。

其次，为情所恼，困于情网。人生在世，不过是弹指一瞬，期间经历多少情网纠葛，又会结上多少解不开的缘分，谁都难以预先料到。

入情至深的皇太极，常常为情所伤。皇太极与宠妃海兰珠之间的往事，一向为人们所称道。在宸妃海兰珠濒死之际，皇太极正在松锦作战。消息一传到前线，"是夜一鼓，盛京使至，奏宸妃疾笃。上即起营"。

等到皇太极就要抵达京城时，宸妃没能撑到见他一面，便香消玉殒、魂魄归天。皇太极听说海兰珠逝世的消息，抵京后"入关睢盱，至宸妃枢前，悲涕不止"。

宸妃丧礼极尽奢华，仪仗队排列好几条街道，以国葬礼遇待之。

皇太极亲自负责送灵，在百官的陪同下抵达陵墓，观葬礼仪式。皇太极由于悲伤过甚，无法治理朝政，遂休庭数日。大臣向皇帝禀告道："今者皇上过于悲痛，大小臣工，不能自安。"

谏言道："皇上一身，关系重大，况今天威所临，大功屡捷，松山、锦州，克取在指颐间。此正我国兴隆，明国败坏之时也。皇上宜仰体天意，自保圣躬，勿为情牵，珍重自爱。"

然而，皇太极很久未从悲哀中逃脱，"上居御幄，饮食顿减，圣躬违和"。

正是因为皇太极用情过甚，在感情中燃烧殆尽，及至自身平衡受到崩塌，才令他难再恢复气血强盛的状态。身体所不能承受的负重，让他提早完成了生命旅途。

局势分析

皇太极一生金戈铁马，在沙场的死人堆里打拼出入，正式确立"大清"的名号，建立清朝的政权。他的一生是追随努尔哈赤脚步的一生，当然也是他自己创建辉煌的一生，他的功绩在整个历史上都将受到铭记。

他为登上皇位，改革政权结构，除掉了阻挡势力及几位贝勒，将三大贝勒共同坐制的策略修订为皇太极"南面独坐"，为皇权的强化奠定了基础。并且，在八旗制度上有所改善，扩充蒙古八旗，加固对蒙古的管辖。

为扩张领土，他东向朝鲜用兵，北向索伦征讨，西向蒙古进发，南向中原五度进兵，回回都满载而归，可从中看出皇太极的军事指挥才能。

再说皇太极与明朝作战，在锦州清军被围死的状况下，皇太极亲率兵马救援，最后以少胜多，胜利而归。

他的逝世，带着未立皇位的遗憾，致使多尔衮成为辅政大臣，影响了清军日后的发展进程。

说点局外事

皇太极的后宫分设五官，光彩照人的嫔妃们居住在那里，在"一后四妃"制度下共存亡，她们有个共同之处便是皆为蒙古族人，并且姓氏都是博尔济吉特氏。

她们生长在蒙古科尔沁部和察哈尔部，自小从未离开过草原。皇太极娶异族妃嫔的原因在于想要牵制蒙古不容小觑的势力，进而增强自身的军事实力。

蒙古科尔沁莽古斯贝勒的女儿博尔济吉特氏，也就是皇后，在与皇太极喜结连理那年才不过十五岁，正值豆蔻年华，而皇太极已然二十三岁了。

在皇太极继位后，博尔济吉特氏理所当然被命为第一夫人，称中宫，也被叫作清宁宫大福晋。公元1636年，太宗即位，第一夫人被升位中宫皇后，是位后宫之主。

除了相濡以沫的原配妻子，皇太极还有四位宠妃：

第一位便是居住在关雎宫的宸妃，是为东宫，也是皇后博尔济吉特氏的侄女。与此同时，永福宫庄妃是她的同胞妹妹。在公元1634年，被皇太极纳入后宫。此时的宸妃年近二十六岁，而皇太极也已经四十三岁了。

第二位是阿霸垓郡王额齐格诺颜的女儿，西宫贵妃娜木钟。她就是蒙古

最后一任大汗的福晋，自林丹汗死在青海，便投靠金朝皇太极。是年，皇太极选娶娜木钟为妃子。西宫娜木钟曾为皇太极生育一子一女。儿子名叫博穆博果尔，他和他的王妃，曾经谱就了一段生离死别的故事，亦为人所称道。

第三位是次东宫巴特玛·躁淑妃，本是察哈尔部落林丹汗的又一名福晋，名为窦土门福晋。林丹汗死后，她带领余部降金，日后被皇太极纳入后宫。她一生养育的女儿后来被皇太极的弟弟多尔衮娶走了。

第四位是宸妃的妹妹，次西宫庄妃。世人称呼她为大庄妃，她也同是皇后博尔济吉特氏的侄女，本名布木布泰，是科尔沁贝勒寨桑的女儿。庄妃被皇太极纳入后宫时，才不过十三岁有余，而当时的皇太极已跨过而立之年，年近三十四岁。皇太极成为皇帝之后，她就被封为庄妃。

庄妃生育了一个儿子，这个孩子日后成为君临天下的皇帝，皇太极死后，被多尔衮拥立为王，他就是爱新觉罗·福临，也就是后来的顺治帝。当时，她已然二十六岁。

皇太极在拉拢蒙古势力的促动下，将二女儿嫁给林丹汗之子额哲，又为济尔哈朗迎娶了林丹汗的遗孀苏泰太后，自己的长子豪格、次子代善和七子阿巴泰都各自迎娶了察哈尔部的姑娘，如此与蒙古建立了密切的关系。

第二章　笃行致远

顺治登基

崇德八年（1643）八月初九，因为皇太极的突然逝去，并未能立嗣君，使得福临与皇子豪格都陷入人生中生死攸关的转折点。不过由于豪格运气实在太差，在与叔父多尔衮争夺皇位时未能胜利，黯然的与皇位擦肩而过。

其实，关于皇位的争夺，早在皇太极生前就已经拉开了序幕，许多人都瞅准目标开始分党结派，暗地里是斗得天昏地暗。当时，有礼亲王代善、郑亲王济尔哈朗、睿亲王多尔衮、肃亲王豪格、武英郡王阿济格、豫亲王多铎、多罗郡王阿达礼，这些亲王和郡王总共有七人，都是皇位的竞争者。

其中，最有力量和资格争夺皇位的就是多尔衮和豪格。如果是按照父死立子的方式，那么，身为长子的豪格当仁不让是帝位不二的继承者。可是要按照满族先世的惯例兄死弟继的话，那么继位的人就应该是多尔衮。怎么说都是合情合理。于是，争斗也由此展开。

就在皇太极去世后的第五天，皇位争夺战正式上演。由于多尔衮征战多年，手中握有实权，加上他对帝位觊觎已久，是野心勃勃地想要上位。于是，他就召见内大臣索尼一同商议帝位继承人的问题。

当时，豪格的呼声很高，皇太极底下的两黄旗都主张拥立其为君，纷纷向他表示拥护。豪格得到这个消息非常高兴，拥有两黄旗的力量，那么登上帝位的筹码就更加稳固了。于是，他马上派人告知郑亲王济尔哈朗，济尔哈朗也表示赞同。可是，为了避免发生流血事件，还是要与多尔衮商议一下，看最终到底是谁继位。

正当一场流血冲突就要发生的时候，狡猾的多尔衮想出了拥立先帝第九子福临继位，由自己和郑亲王济尔哈朗共辅国政的提议。

多尔衮的这个计谋可谓高明至极，即使两黄旗大臣无话可说，又笼络了济尔哈朗手下镶蓝旗的人心；两红旗礼亲王代善本没有争权之意，自然附议；而且福临的生母永福宫庄妃又是先帝最宠爱的妃子；最重要的一点是，福临年幼，而作为辅国大臣的他就能够成为朝政的真正把持者。

朝中的众人自然知道他的心思，但不管怎么说，总比他和豪格僵持不下甚至火拼起来的强，所以多尔衮的这一方案也算是得到了朝中众人的心。

而我们的主人公福临可以说是阴差阳错，也或者说是命中注定，就这样因为多尔衮的勃勃野心而顺利登上了皇位。

福临即位后，第二年改元顺治。并于十月初一在天坛举行了开国典礼，封多尔衮为摄政王。此时福临尚且年幼，多尔衮权势并加，威比天子，富过君王，在朝中有恃无恐，擅权专断，霸权专横，虽没有登上皇位，但实际上朝野中无人不知他才是当时大清真正的皇帝。

既然谁也不甘心让对方做皇帝，那就索性都别当，另择他人。其实，多尔衮还是看准了福临年幼好控制，他与济尔哈朗左右辅政，手握朝政大权，这与当皇帝有什么区别呢？就这样一场剑拔弩张的危机终于消弭在尘埃中，豪格在这场没有硝烟的斗争完败而归。

豪格在这场争斗中失去的不仅仅是皇位，还失去了一个重要的依靠。他与多尔衮的竞争对多尔衮来讲就是得罪了他，豪格没能让多尔衮如愿地登上帝位，虽然对于多尔衮来说仍然是手掌朝政，可是也是摄政王而不是皇帝，在地位上却是千差万别。

但从另一角度来讲，当时清廷内外局势未稳，形式诡谲多变，困难可谓是重重，如果国家的重担真的落到豪格的肩膀上，恐怕凶多吉少。也只有多尔衮这样的雄才大略、高瞻远瞩者，才能挥斥方遒，扫平群雄，一统天下。所以，不客气地说，豪格能够失去皇位，于他是不幸的，于大清来说是幸运的。

局势分析

顺治登基时不过年仅六岁，他的皇亲国戚尤其是叔父限制着他的自由，为了保住多尔衮的权位，他毅然选择福临作为傀儡，帮他完成夺权过程。然而，朝廷内部的斗争岂同儿戏，连先朝的元老级将领们都被排除在外，婴童顺治只能随波逐流。

多尔衮拥立顺治不仅因为他年弱，更因为他手中握有重权，能够令多尔衮势力更为强大。当时军权在手的还有豪格一人，为了能够与之抗衡，多尔衮必须与顺治结为联盟，借助这位少帝的力量打造专政天下。

这一举动为后来豪格之死埋下伏笔，并且让多尔衮为清廷执掌朝政提供了正确的方向。直到公元 1651 年，顺治帝才得以亲政，在掌握实权之后，顺治为全部遭受罢职的官员复位。

如若豪格当权，或许会有另一番景象，但对清朝来说，很大可能不会有之后入主中原的盛况显现。

说点局外事

顺治心系佛教，红尘之事也未能免俗。早在 14 岁时，他就被太后和多尔衮安排迎娶了亲王吴克善的女儿博尔济吉特氏为皇后，并且轰轰烈烈地举行了婚礼。但皇后入宫丝毫没有给顺治带来幸福美满的婚姻，这个刻薄奢靡的女人最后甚至没能逃脱被废后的噩运。

顺治一生最宠爱的是妃子董鄂氏。董鄂氏原本是顺治兄弟襄亲王的妻子，但道德界限挡不住心中的浓浓爱意，顺治狂热地恋上了这位女子。当得知襄亲王申斥董鄂氏，顺治甚至还给了他一个耳光。自己的兄弟夺了自己的女人，这种窝囊气哪里受得了！不久，年仅 16 岁的襄亲王便怨愤而死，董鄂氏丧期服满，顺治便迫不及待地册立她为贤妃，一个月后又晋为皇贵妃，颁诏天下。就连董鄂氏的父亲也"父因女贵"得到了顺治丰厚的赏赐，死后还被追封为侯。

董鄂氏曾给顺治生了个儿子，子因母贵，顺治帝还一度想立为太子，但不幸的是，孩子生下三个月还没取名就夭亡了。可怜女子失去了心爱的孩子，因忧伤过度，过了不久也玉殒香消，仅仅陪伴了顺治四年就匆匆离去了。

先是没了儿子，后又失去了宠爱的妃子，面对这双重打击，顺治陷入了无法摆脱的痛苦之中。当时按清朝定制，皇帝及太后之丧，朝政将使用蓝笔批本，以二十七天为限。而董贵妃死后，顺治竟然用蓝笔批本长达四个多月。不能再与心爱的妃子共度余生，顺治悲痛至极，只能以种种殊遇来对待死去的董鄂氏，同时也宽慰自己。

他甚至亲手为董鄂妃书制了洋洋洒洒几千字的《董妃行状》，追忆与董妃朝夕相处的日子里的种种甜蜜恩爱。太后见顺治这般心如刀割难以自拔，便同意将董鄂氏追封为孝献皇后。所以，如果剥去皇帝的外衣，顺治实在可谓是一位痴心汉。

多尔衮掌权

多尔衮因从小受到很多来自家族里的影响和刻意地栽培，使得他谋略深远，英明神武。皇太极在位期间的重大战役他几乎都亲自参加了，可谓是战功赫赫。

多尔衮目光敏锐，深谋远虑。在皇太极与众大臣商讨兴国大计时，他向皇太极建议后金应当在征明及征讨察哈尔、朝鲜中以征明为先，要把撼动大明根基放在首要位置。

皇太极分析当前局势，接纳了多尔衮的建议。他整顿兵马，选择适当时机深入明朝境内，损耗明朝残余力量，为入主中原做准备。多尔衮还将元朝的传国玉玺呈奉给皇太极，公元1634年，皇太极改汗称帝，多尔衮因为功勋卓著被封为和硕睿亲王。

在皇太极带着立储秘愿埋葬土中后，宫廷内部被分为两股势力，在多尔衮的支持下，福临胜过豪格登基为王。对于多尔衮来说，虽然皇位唾手可得，但江山的稳固更为重要，故而放弃了对阵的机会。

朝廷内人人都明白真正掌握实权的并非皇帝福临，而是幕后坐镇的摄政王多尔衮。虽说豪格已然没有资格再争皇位，但对于多尔衮来说，他的存在仍然是一个不小的威胁，所以豪格的死在所难免。

为了分散豪格的军事掌管权，多尔衮在顺治帝登基后，便派遣豪格东征西讨，出征边疆。

顺治三年（1846）三月，豪格被任命为靖远大将军，统率清朝大军自陕入川，在四川，豪格率领的清军征剿张献忠大西军所向披靡，连败张献忠率领的大西军。

顺治五年（1848）二月，豪格率大军胜利而归。顺治帝还亲自在太和殿设宴犒劳立下汗马功劳的兄长和诸位将领。可是，上天似乎对豪格极为吝啬，好运气总是在他身上稍作停留就飞走了，转而带来的则是灾难。

豪格回京只过了短短一个月的悠闲生活，就又被人举报了。是因为什么呢？当时，以贝子吞齐为首的贵族检举郑亲王济尔哈朗。郑亲王济尔哈朗初始被定为死罪，后来，从轻处置降为郡王，罚银五千两。

皇太极在生前对济尔哈朗信赖有加，极尽荣宠。而济尔哈朗对豪格也是多有关照，郑亲王失势，直接导致了豪格失去了最后一把保护伞。失去庇佑的他，处境可想而知。

就在处理济尔哈朗两天之后，多尔衮就召集诸王大臣会议，专门对豪格的问题进行讨论。这时的多尔衮已非昨日，那可是清朝的摄政王，大权独揽，谁敢不服？就连顺治帝对他也不敢轻易地说一个"不"字，更何况其他那些仰其鼻息的人呢？

就这样，多尔衮和诸王大臣商量了一番后，以豪格犯有庇护部将、冒领军功及欲提拔罪人之弟等罪名，判了他的死罪。最后，虽然免去一死，但也把豪格囚禁在了狱中，爵位被削去，所属人员一并没收。

豪格身陷狱中是生不如死，绝望、悲愤、不满，也百感交集，他不知道这到底是为了什么？看不穿、看不透的他，最后因激愤而死于狱中，年仅四十岁。

其实，关于豪格的死因，历史上有许多的说法，除了"卒于狱"，还有"自杀"或被多尔衮"谋杀"等不同版本，但具体的历史真相是什么，已经无证可考。

不过，两年以后，多尔衮去世，顺治帝得到了提前亲政的机会，他念及长兄豪格是蒙冤而死，就亲自为他平反昭雪，恢复了豪格和硕肃亲王的爵位，并立碑对他一生的功绩进行表彰。顺治十三年，为其追加谥号"武"。

在清代满洲贵族中，豪格是第一位按照汉族惯例被赐谥号的王爷。到了乾隆四十三年，豪格因开国功绩，配享太庙，这也算是对豪格的另外一种补偿吧！

局势分析

多尔衮势力的强大在皇太极时期便有所展露，到顺治帝即位，变得更显突出。顺治帝和多尔衮之间的关系，可以用微妙一词形容。在封建王朝的体制下，福临是一个提线木偶，身后的操纵人则是皇叔多尔衮。

多尔衮掌权按部就班，在过程中一步步靠近核心，他以辅政大臣的名义，为皇帝福临"扫清"障碍，同时也为他个人除掉政治阻碍，例如恭亲王豪格。

起初，与福临的帝位争夺给豪格带来了一些恨意，但等到福临真正即位后，恨意有转向支持的趋势，而多尔衮的目的就是让福临失去保护屏障，在他的"庇荫"下完全孤独。

故而，多尔衮在掌权的路上，铲除异己，诛灭保护福临的势力，为之后统领大权而做足了准备。由于他的不可一世，民间还流传着孝庄皇后下嫁多尔衮的传闻，不论属实与否，都足以证明，在当时笼络这位摄政王有多么重要。

说点局外事

皇太极一生共有十一个儿子，豪格是他的第一个儿子。作为皇长子，豪格活得并不轻松，可以用命运多舛来形容。豪格一生受过四次重大的挫折。

第一次是在崇德元年，因故被降爵；第二次是在崇德八年，阴错阳差地失去了皇位；第三次是在顺治元年，又凄惨地被废了爵号，贬为庶人；第四次是在顺治五年，这次被黜爵入狱，豪格也因此而殒命。

莽古济与前夫武尔古岱生一共生两个女儿，其长女嫁给了代善的长子岳讬，二女儿则嫁给了皇太极的长子豪格。莽古济之于岳讬和豪格来说，她的身份既是姑姑又是岳母，她们这样的婚配从遗传学角度来说属于近亲结婚，不过这样的做法在当时的满族社会中颇为盛行，其实不仅是满族社会，在历史各朝代中都屡见不鲜。

他们讲究亲上加亲的做法，这样做不仅能够加固加深两个家族的利益关系，更能时刻的守望相助，是利益联盟。

清军入关

努尔哈赤在统一满洲之后，并没有贪图安逸，而是有更大的野心抱负和更强大的征服欲望。在萨尔浒战役中取得胜利后，努尔哈赤携八旗精兵前往辽东，一直攻入辽西，在长城内外修筑领土防线。

除此之外，他的都城还经历了几回的变迁，从一开始靠近边疆到越来越接近中原腹地，他的野心从中可窥见一斑。公元1625年，努尔哈赤在谨慎选择下，决定将沈阳作为首都。这一举动不仅对内控制更加方便，在对外安放上也起到一定的作用，尤其对蒙古、朝鲜等外族的入侵易于防范。

而沈阳从此也变成努尔哈赤入主中原前最重要的军事基地，为他日后的入关作战提供了军事储备保障。

公元1644年，农民起义运动如火如荼地开展，李自成的军队最终攻入京师，坐守紫禁城的明崇祯帝自觉愧对世人，便在煤山自缢而亡。

另一路农民起义军由张献忠所领导，在当时也已进入了蜀地。在明朝将要陨落时，农民起义军加速了它的灭亡，而在北方边境间，满洲集团已然建立大清帝国，正准备代替明朝入主中原。

而此时明朝朝廷内部的蠕虫已经将这座百年老房啃食殆尽，整个明朝江山摇摇欲坠，动荡不安。在满洲人了解到明朝即将崩毁的一面后，便下定决心为它的灭亡旅程再助推一次。

因此清廷在窥伺这一切的同时，还暗中对明朝官吏进行威逼利诱，并派遣游牧骑兵骚扰明朝边境，不时地给予他们一些危机感，好让他们早早地妥协。

中原内陆燃起的熊熊烈火反倒照亮了境外的清廷势力，他们看到农民起义军如秋后野火般燃烧的事态，便有意邀请他们一同伐明。谁料到，李自成看到清廷的书信，当即否决了合作提案。

闯王李自成成功占领京师，用农民的力量推翻了明朝 200 多年的统治。清廷内外无不为之震动，他们没想到心心念念的计划竟然有人帮忙做了，那么攻占中原的愿望便指日可待了。

在农民军攻陷北京不久后，多尔衮将军便率领洪水般的军队涌向了南方。

清朝军队一路艰难跋涉，在抵达翁后的第二天，就有使者自称代表吴三桂前来求救，原来吴三桂碰到了难以解决的棘手事件。

多尔衮自然喜出望外，因为吴三桂把守的山海关是进入中原的重要关隘，若能同他联手，此行计划算是完成一半了。

吴三桂的先祖本是江南人士，后代迁徙至辽东区域。他的父亲是原总兵吴襄，著名将领祖大寿则是他的舅舅。他一生在宦海浮沉，担任过总兵、副将等职位。

松锦之战爆发时，吴三桂被委派为总兵，然而他中途从战场败逃，令皇上震怒异常，便革除了他的官职，命他驻扎边疆。在北方边境无人束缚的环境中，吴三桂各处招兵买马，军事实力大增，他的军队也成为北方少有的一支劲旅。

公元 1642 年，明朝边境屡屡被犯，阿巴泰等人更是嚣张不已，在吴三桂的奋力追讨下，这帮人马最终一无所获地回到了草原上。又过了几年，济尔哈朗也来挑衅明朝防御系统，谁料仍然没有抵过吴三桂的势力，很快便撤兵返回。

到了顺治元年春，由星星之火蔓延开来的农民起义军，在很短的时间内就烧过明朝的大片土地，北京也难逃一劫。为了保障皇帝的安危，李自成被调离边疆，率兵前往京师助阵。

京师的信使千里迢迢来到吴军所在地，宣读皇帝诏令后，吴三桂接旨遵命，随即发动五十万大军，自关外全部调入关内，很快便抵达丰润。

此时的农民起义军烈火早已点燃了古城北京，迟到一步的吴三桂没有选择继续前行，他看到火势汹汹的京师，立即掉头率军离去。

吴三桂并非见死不救，他在交叉路口感到一阵迷茫，前方是农民起义军势如破竹的军力，后方还有虎视眈眈的大清兵力，走哪一步都是危险环绕，荆棘丛生。

李自成作为农民军队领袖，曾邀势力强大的吴三桂共图大业。吴三桂对清朝的纳降显得不甚在意，他在长年与清军作战中，多次受到清廷的招降，但他每次都拒绝了。

等到农民起义军向他抛出了橄榄枝，背后还储备着大量的银两、粮食等军饷物资，吴三桂便再也不敢说不了，同父亲吴襄、同僚唐通等人归入李自成的幕下。

然而好景不长，美梦还未做够，吴三桂就不得不投敌叛友，火急火燎地向多尔衮发起了求救信号。

事出有因，原来吴三桂之父吴襄早就投靠了李自成，然而投靠后的状况并不如意，父亲吴襄遭农民军部分士兵夹打索银，陈圆圆作为吴三桂的内人也被刘宗敏夺走。

接连而至的打击令吴三桂失去理智的同时，也让他下定决心引入清军，背叛李自成。所以，他很快发了封加急信件，让人派送给多尔衮，建议同他一起抗击农民军，镇压李自成不断燃起的势力。

吴三桂选择与清军联合，并非出于一时头脑发热，而是源于最理性的思考，他认为自己遂握有五十万兵马的权利，还不能保证父亲、妻子的安危，如若进京联合后果则不堪设想。并且，接受清朝降服的明朝官吏如今都活得惬意，故此吴三桂才决定放弃李自成，投靠多尔衮军队，他的偶然当中蕴藏着必然因素。

清朝摄政王多尔衮很快接受了吴三桂的提议，同时二人共同发布檄文，声称讨伐汉族贵族阶级，联合地主、豪强一同创造大业，推翻李自成的政权。在多尔衮和吴三桂的联合抗击下，农民军不久便陷入一片溃烂中，显出兵败如山倒的趋势。

公元 1644 年，也就是清顺治元年，李自成所率领的军队同吴三桂的部队在山海关附近发生激烈战斗，由于清军的救援军突然出现，李自成军队不堪其力，最后战败而逃。

与李自成军队间对阵的山海关战役是抗击明朝运动的重大转折点，此后矛盾的重点转向抗清运动，汉族内部矛盾转化为民族矛盾。

李自成在山海关失利后，无奈地举兵迁离北京，仓皇逃往陕西一带。是年五月一日，清朝部队攻入北京，满族八旗士兵们遍布城内外，同时多尔衮偕同年仅六岁的福临皇帝在京师安都。

在这一年的九月份，清朝正式将首都定在北京，顺治帝从此便安住紫禁城。满清贵族们指出汉族贵族、地主都可以诱之以利，而唯有农民军是真正的敌人，于是他们的炮火都集中对向起义军。

在不同形式下的拉拢下，汉族地主阶级很快便如墙头草般倒向清廷统治阶级。农民起义军的对抗力量又进一步增强，想要东山再起显得难上加难。

这一年的五月份，明朝残余分子踞守南京，以朱由崧为首，誓死捍卫明朝统治的官僚们纷纷聚集于此，同时福王政府正式成立。明朝的宗庙社稷不仅被保护了下来，元号改为弘光，"南明"作为政权出现在了史册上。

南明在江南一隅誓死顽抗，声称要讨伐李自成农民军和清廷的八旗士兵，将他们共同列入对抗范畴。

在农民军内部，管理阶层产生缝隙，统治者们互相残杀，众多将领惨遭杀害。不过，农民起义军的能力并未因此垮台，大量兵力仍然在中原大地活动，例如河北真定、井陉，河南怀庆，陕西潼关等地。

汉族地主阶级在清朝统治者的威逼利诱下，很快便和他们站在统一战线，对农民军发起镇压运动。与此同时，清廷还实施一系列高压政策，对汉族普通民众实施"剃发易服"、圈地、屠城等残暴行为。

在重重禁锢下，民众再也忍受不了被束缚的痛苦，纷纷举起反清的旗帜，要求满族撤出中原，反抗浪潮此起彼伏，誓要推翻清朝政权。

其中抗战最为激烈的有山东东部的青州起义军，山西西部吕梁山区的起义军，河南怀庆等地的起义军，以及全国各地众多小规模的武装力量。这些部队中有的还曾是李自成起义军的一员。

公元1645年初，为镇压陕西地区不断爆发的起义运动，清廷派出了两支精兵部队，前往陕西一带剿灭抗清分子，这两支部队的其中一支由阿济格和吴三桂领导，另一支则由多铎、孔有德带领。

这时期，农民军发起的起义运动还未完全熄灭火焰，首领李自成仍然在潼关负隅顽抗，在一系列的反清战役中，李自成的士兵步步撤退，在西安战败后退至湖广区域。

自从李自成在陕西失利，张献忠就邀李自成共同组成抗清连线。公元1646 年冬日，张献忠在位于川北西充的凤凰山附近与清军对战，不幸罹难。

张献忠离世后，众多士兵部卒在川南继续抗清，并没有放弃抵抗。满族八旗军行至四川，对当地百姓进行了惨无人道的屠杀运动，使得当地居民人数锐减，在史册上留下了难以磨灭的污点。

是年四月，起义军在湖广通山郊外游荡，首领李自成在与当地地主所属部队对抗时惨遭杀害，最后在通山县九宫山死去。

农民起义军领袖李自成的死成为清初反抗势力的一大转折点，当时虽然仍有部分军队仍在继续抗争，但大江东去今非昔比，起义军渐渐淡出了历史舞台。

多尔衮率兵占领北京后，听取儒臣范文程等人的谏言，实行了大量符合民心的政策，原明朝官吏恢复原职，还为崇祯皇帝举行发丧仪式，追谥为怀宗端皇帝。

北京各衙门内汉族与满族在一处办公。剃发令也在不久后遭到停止。是年七月，多尔衮废除了明朝末期三饷加派的政策，开始启用明万历年间的赋税标准。

多尔衮的策略具备一定的有效性，在实行没多久便掌控了黄河北部以及山西东部的绝大部分领域。

是年九月，爱新觉罗·福临移居到京师，一个月后，福临在百官的见证下举行登基大典，从此清王朝在北京正式定都，清廷成为中原大地的新一任政权。

局势分析

自努尔哈赤揭开反明的旗帜，到皇太极结束明朝的统治，满族人同明朝廷之间的战役陆陆续续打响了数十年之久。在福临登基后，多尔衮成为主要的幕后推手，军政大权亦掌握在他手中。

在顺治帝即位的第二年，多尔衮决定进攻明朝的战略便已制定。

虽然多尔衮军队的铁骑足以击败羸弱的明军，但能够取缔明朝的并非仅有满族八旗，军势强劲的李自成起义军对付明朝也易如反掌。

正是李自成的军队逼迫崇祯帝在煤山自缢而亡，将延续几百年的明朝政权推翻，可以说他们的力量同样令人畏惧，这些都为清军入关打造出有利的条件和环境。

虽说李自成进展神速，但胜利没有眷顾他到最后，其中缘由在于，驻守山海关的总领吴三桂的叛变事件。

随着李自成军队的不断崛起，吴三桂试图与清廷合作，多次派遣使臣前去向多尔衮求援，直到清军浩浩荡荡地来到山海关城下，吴三桂便指引他们轻松入关，从此造就了一代朝政的诞生。

多尔衮所率领的清军在山海关战役中获益最大。从山海关战役开始，农民军势力削减，大势已去难以挽回。然而清廷却青云直上，从此迈向统治中原的阶梯。

说点局外事

在明朝末期，一拨起义军的队伍悄然崛起，他们的领袖便是李自成。

李自成原叫鸿基，祖辈世世代代居住在陕西米脂李继迁寨。公元1629年，在明朝暴政统治期间，加入了农民起义军的队伍。在参战初期，是闯王高迎祥的手下，有胆有识，勇猛刚武。

高迎祥罹难后，李自成被选为新一任闯王，带领起义军发展到百万人数，变成农民起义军中的佼佼者。

顺治元年（1644）正月，李自成在陕西西安建新政权，被叫作大顺政权。

在北京城被攻破后，明朝统治被推翻。起义军和清军决战山海关，这是清军的起点，也是农民起义军的终点之始，之后李自成和军队退往陕西、河南一带。

顺治二年（1645），李自成在湖北通山县九宫山遇害身亡。

李自成的死也有众多说法，至今仍为一个难解的谜团。

有一类说法称，他在战败后，便在湖南石门夹山寺成为一名僧人。另有说法称，他在势力褪去后，便依靠叔父李斌的救援度活，到了晚年沦落为山间浪人。

虽然说法各不相同，但无论怎样，曾经作为明末的农民起义领袖，闯王李自成带领起义军在我国历史上留下了浓墨重彩的一笔。

剃发易服

发型服饰所带来的影响绝不仅限于外在层面，在整个民族的文化上亦有所体现。当人们说起剃发易服，实际上是在讨论中原易主的问题。

在满族还未入主中原时，剃发蓄辫只是女真人的风行，在汉人堆里是从未有过剃发蓄辫现象的。从远古以来，汉人对发式、服饰的重视就从未降低过。《孝经》便曾记载道："身体发肤，受之父母，不敢毁伤，孝之始也。"

汉族不论男女在成年之后都不曾剃发，人们将头发盘在头顶，经年累月任其自由生长。但是满族由于生长在不同的地域文化中，故而对于服饰发型的态度也与汉人不同，满族人为了骑行方便，常常结辫而行。

满族发式的具体做法是：男子在头顶留出一片"不毛之地"，那里的头发不准超过寸余，只容许蓄留中间地带的头发，然后将留下的长发编成长辫儿，悬在脑后、脊背。

关于剃发，满族还规定：在双亲逝世或是国丧时期不准剃发，其他时日都必须勤于修理，不准蓄发。

不仅在发式上有差异，满、汉两族在服饰上也各有特色。满族人的服饰以立领、窄袖、盘扣、对襟为主要特点，而汉人的服饰则以交领、宽袖、无扣、右衽等为主要特色。

原本这些普通的文化差异，对于政体变革来说，却成了满汉之间难以逾越的鸿沟。满族统治者为体现民族融合，强令汉人穿马褂剃发辫发。当时，头发的问题再也不是潮流现象，更不是来自父母的事物，而是一个民族对另一个民族的压迫问题，一个政权残暴的体现。

在金朝建立后，清太宗努尔哈赤就曾将剃发视为汉人归降与否的标志。公元1618年，抚顺被后金政权所降服，"被掳军丁八百余人，又尽髡为夷"。

皇太极正式掌权后，剃发政策被继续贯行。女真学者达海是一位受到汉文化影响至深的人，他提倡满族人脱掉满服改穿汉服。被皇太极知道后大发雷霆，震怒不已，从此更加珍视满族的特色衣冠，将其视为满洲人的根本。

公元1636年，皇太极再度下令："凡汉人官民男女，穿戴要全照满洲式样，男人不许穿大领大袖，女人不许梳头缠足。"从中可以看出，清朝在入主中原前，就已经将剃发作为满族人的传统风俗保留了下来，并且对此尤为重视。

为了不受汉人风俗的影响，满族政权对自身服饰、发式的文化珍视有加。

公元1642年，皇太极与明朝战于松锦，明朝军队将领洪承畴被生擒，祖大寿主动请降。当时金朝的官吏祖可法、张存仁等向皇帝谏言道："宜令祖大寿、洪承畴等剃发，以坚其心。"所以，在满族人眼中，汉人剃发易服便是对满族文化的认同和归顺，也是一种效忠王朝的象征。

清军入关初期，为了缓和民族矛盾，巩固刚刚建立的清朝政权，剃发易服的政策曾经消缓过一段时日。这时期，清统治者以听取民心，容纳不同文化作为稳固政权的手段。故而，在清初的朝廷上，都能看到满、汉两族各着异服，满人穿着民族服饰，明朝旧臣则身穿汉服在头顶盘上发髻，两派风格对立鲜明，各成一派。

到了福临掌政初期，有位出身鲁域的进士孙之獬以为主动踢掉头顶发髻，着满族民俗服饰前来上朝，想当然地以为此举必将受到赞赏。

等到上了朝廷，满汉两族各不认同他的归属，着汉服的明臣认为他应站在满官内，而满族官员又不承认他的民族属性，最终闹成了两面不是人的尴尬局面。由于双方没有一方容纳孙之獬，弄得他恼羞成怒。

为此，他还专门撰写呈文递与皇帝，称"万事鼎新，而衣冠束发之制，独存汉旧，此乃陛下从中国，非中国从陛下也"。这里的中国就是指汉人所在的中原地区。这一篇文章，令本就踌躇不前的摄政王多尔衮受到鼓舞，当即下发了面向全国的"剃发令"。

这一主张的后果想而可见，"剃发令"激起了全国人民的愤慨，反抗之声此起彼伏。为了剃发易服一事，某些区域还发生过起义事件，例如孔孟之乡山东就产生由谢迁发起的抗清运动。

在纷乱迭起的起义抗潮中，孙之獬全家也惨遭灭口。只见各地战乱四起，为形式所逼，清廷不得不再度下发谕旨，暂停剃发令的施行，同意汉族人民留发、穿汉服。

然而一切都只不过是临时举措，在之后仍然会持续执行剃发令，只是当时清朝统治还未稳固，所以只好先听之任之。在当时，同意明朝衣冠服饰在民间流通是符合大环境的正确选择。

顺治二年（1645）五月，南明没有逃脱清军铁骑的攻击，很快便崩溃塌陷。此时，清廷武断地认为家国已经稳固，于是二度下令施行剃发令。

过了一个月，多尔衮得知南京被攻克的消息后，即刻派遣兄弟多铎"各处文武军民尽令剃发，倘有不从，以军法从事"。

头发的事情已然成为事关生死的大问题，而且为汉族人民预留的选择期限仅有十天。甚或为此，全国各地响起了"留头不留发，留发不留头"的残暴口号。对于汉人来讲，这绝不仅仅是剔除头发的问题，而是事关伦理孝道的事件，为此汉人所提出的口号是："宁为束发鬼，不作剃头人！"

在南京被占领后不久，剃发令由苏州、太仓、常熟等地传向全国，为此众人哗然，起义活动此起彼伏，在中原大地纷纷打响，清廷随后采取了强制镇压的手法。

是年六月十四日，常熟起义军遭清军剿灭。而没过多久，清军卷土又来，突袭未按规定剃发者，当场斩立决。以常熟为中心的地域，例如福山塘等地，被巡逻的清兵强令剃发，致使"沿塘树木，人头悬累累，皆全发乡民也"。

到了六月十三日，太仓地区开始实行剃发令，为了哄骗大家剃发，清将谎称为召开会议，然后召集当地缙绅，待民众坐定后，拿出事先准备好的剪刀，突然就要在民众头上动刀。乡民们违抗不得，只好无奈接受。

谎称召开会议还算没有暴行的，更为暴戾的是嘉定城内由于百姓不服从剃发令，曾三度遭受屠杀，历史上又叫作"嘉定三屠"。

清政府想要通过外在发式的改变，达到强化统治地位的目的，殊不知此举适得其反，遭到了汉族人民如浪潮般的反抗。

曾在中国传教的马丁诺·马蒂尼传教士在其著作《鞑靼战纪》中就曾写道："清初统治者残暴不仁，屠杀他们的百姓犹如宰杀畜生，行为十分的凶残。辫子风波，引起起义运动的同时，也产生众多镇压运动，人民陷入恐怖当中。"

在政府强令遏制下，汉族同胞的反抗势力渐趋消弭。

等到时间过了两个世纪，历史的车轮驶入十九世纪中期，向西方思潮学习成为中国人的一代风尚，而脑后辫子仍然是一条沉甸甸的存在。

清朝民族英雄、主持虎门销烟的官吏林则徐，曾对澳门街头穿着洋服的人们不屑地说道："真夷俗也！"从中可以得知，当时人们的习惯仍然停留在旧有观念上。

诚然，剃发不是在全国各处实行，而在遥远的边陲，剃发令没有真正实行过，这一举措对维护边疆稳定起到了积极的效用。

局势分析

风吹杨柳的江南地区没能逃脱剃发令的"征讨"，不甘于被压迫的人民纷纷举起抗议的旗帜，江南瞬间成为斗争基地。原本多尔衮认为江山早已稳固，没有想到一个剃发令就让民族的"黏合剂"瞬间失效。

剃发令本为统领天下而发布，谁承想让事态愈发严重，人民的抗议情绪愈发高涨，与清统治者的愿望南辕北辙。其原因主要有以下几个方面：

第一，清朝士兵之所以能占领南京，从根源看来，不过是南明统治糜烂的结果，而不能说是清军势力无敌、无人能挡。

虽说清兵势力不断崛起，但对统治全中国来说还有一定的距离。尤其是江东一带河流巨多，北方陆兵不能立即适应当地环境，想要在江东战役中占据上风并非易事。

剃发令被实施后不久，此起彼伏的抗争潮流在江南爆发，各地诸侯纷纷举起反抗大旗，就连李自成的残留势力也加入了进来，导致清兵陆陆续续用了二十年才抚平暴乱。

第二，剃发令的颁发，是清廷强制实行的令法，汉族人民被迫改换习惯已久的发饰、服饰装扮。在江南反抗势力崛起下，清兵以大军强势镇压。正是因为清兵的残暴行径，致使民不聊生，众生惨遭荼毒。在长达二十年的镇压中，江南经济遭到破灭性的损害，人民生活大不如从前。

第三，本属日常行为的剃发，被清廷"留发不留头，留头不留发"的口号弄得充满了政治意味，头发服饰被政治所绑架，在军队利刃下闪烁着寒光。

清廷将剃发易服看得过于重要，以致民族矛盾加深，统治基础更为动摇。在满汉隔阂上加深烙印，令民族隔阂缝隙扩大。

说点局外事

在外来势力的侵略下，中国闭关锁国的状态逐渐被改变，中西间的交流互动随之增加，人们开始认识到蓄辫的个体性，不过在清政府的威严统治下，无人敢于真正地反抗，于是大家你不言、我不语，渐渐转化成颓废的一摊烂泥。

公元1898年夏，清朝维新派的代言人之一康有为将断发、易服、改元的主张等向光绪皇帝直言进谏，希望能够受到皇帝的认同并实行到全国各个地方。

公元1903年，文化传播界发起了革新潮流，先是在《湖北学生界》有一篇"剪辫易服说"率先发表，提出剪辫对"强兵强种"的各种好处等。

公元1904年，《大公报》又有一篇相关文章被发表，指出"改装去辫"应在全国留洋学生中率先发起，提高与外人交流的频繁度。

虽然作文者为谨慎起见，将剪辫人群局限在留洋学生身上，然而还是未能挡住大众对他们的质疑，有人指出这种革新有"易服改元，革命排满"的嫌疑，令许多人都不敢实践剪辫的风潮。

剪发革命早在康有为提出之前就有人身体力行地实践过了。公元1895年，以孙中山为领袖的一群革命者便在日本进行剃发运动，开启革命的先潮。

公元1903年，在如暴风雨般袭来的"拒俄运动"中，许多留学日本的青年们相继剪去辫子，斩钉截铁地表明与清廷分道扬镳的态度。随着运动越发激烈，每位去过日本留学的学生都以剪发为荣耀。

自海外回归后，留学生们纷纷将新的剪辫风潮领进大陆。到了光绪

二十九年（1903），特别是在富庶的江南，已有不少剪发的青年学生走上街头。尤其是在慈禧的允诺下实行的清末新政，使得多项形策相继施行，蓄辫潮流渐渐落后于时代，显得与新规矩格格不入。

公元1905年，军队方面也开始出现新变化，陆军的服饰焕然一新，众多士兵们从旧有的颓靡态度展露出与时俱进的一面，为了戴军帽方便，所有辫子们都未能"幸免于难"。还有，警察制度在天津最先开始实行，警察们的发辫也被"剪去三分之一"。

宣统三年（1911）八月，推翻满清政权的第一炮在武昌打响，继而各省人士纷纷举起反抗大旗，革命洪潮势不可挡，剪掉辫子又一次成为政治的附属物，标志着从清廷脱离的象征，人们立志从清廷脱胎，塑造一个新诞生的中国。

至此，剪辫革命一直延伸到国家各个地区，地方的剪辫风潮一浪高过一浪，在南北方如火如荼地进行着。等到民国临时政府在南京建成后，全国各地都收到了剪辫的通知。

多尔衮之死

顺治八年（1651）十一月，多尔衮在古北口外行猎。当日烈风阵阵，本当不是狩猎之日，然而多尔衮执意前行，谁料在打猎中途不幸坠马，而后因医治无效，在十二月份死于喀喇城，终年仅有三十九岁。

多尔衮的棺木被侍从们运回京师，顺治帝当即为他追封为"义皇帝"，庙号"成宗"。葬礼按照国葬举行，当朝皇帝如何他便如何，陵墓被安葬在北京东直门外。

而多尔衮的死并非如同他的葬礼一样的风光，在他死后，仍然有大批政斗雪藏在他棺木背后。一场为争权夺利而袭来的运动在经过长久的埋藏后，最终如海草般蔓延整个宫海。

多尔衮在他的兄长阿济格守床时，曾与他进行过深入地交谈，二人互为同胞，必当探讨了一番多尔衮死后的大权归属问题。多尔衮刚刚离世，其兄长阿济格就派遣三百精兵铁骑飞向京师，好似为政变做进一步的准备。

多尔衮曾经的宠臣大学士刚林明白此时出兵必有蹊跷，于是也即刻派人飞马奔向北京，一面派人严守城门，一面要求王侯将相们做好防御措施。

顺治帝接受了来自诸王们的恳请，收押不请自来的三百铁骑，过后便斩杀殆尽。阿济格运送多尔衮的灵柩入京后，即刻遭遇了牢狱之灾，他试图在监牢中举火，后来自尽而亡。阿济格的自杀削弱了不少多尔衮的嫡派势力，多尔衮的罪状也从此开始被清算。

顺治九年（1652）正月，曾为多尔衮心腹之一的苏克萨哈为表忠心与多尔衮势力划清界限，向顺治帝呈交一封密信，披露多尔衮众多鲜为人知的罪状，预谋将两白旗率至永平驻扎的阴谋等，不仅如此，还添油加醋说多尔衮在府中偷穿龙袍等不轨行为。

顺治皇帝当时也不过年仅十三岁，首度亲自治理朝政。在众位王爷大臣的帮助下，他历数多尔衮的累累罪过，证实了他图谋叛乱的行径，指出他"显有悖逆之心"。少帝福临即刻撤去了追封多尔衮的帝号，连他母亲和内室的封典亦全被撤销了。

意大利传教士马提诺·马尔蒂尼在顺治时期来到北京，边传教边写出《鞑靼战纪》，其中记载道："顺治帝福临命令毁掉阿玛王华丽的陵墓，他们把尸体挖出来，用棍子打，又用鞭子抽，最后砍掉脑袋，暴尸示众，他的雄伟壮丽的陵墓化为尘土。"

到了 1943 年，多尔衮的陵墓曾遭盗墓者侵入，坟墓被挖开后，盗墓者只见到一个一米多高的白底蓝花瓷坛子，里面仅仅有两节木炭而已。专门负责看守墓地的汪士全对盗墓者说道："九王爷身后被论罪，其中的金银圆宝都被掘去，据说坟地遭过九索（挖抄九次）。坛子是骨灰罐，是一个虚惊位。"

从中可得知，多尔衮死后有并不如生前那样风光无限，反倒受尽凌辱和摧残，甚或坟墓都徒有其位。

局势分析

多尔衮之所以死后不得安生，史书认为原因在于他图谋篡位的野心被世人所知。不仅连顺治帝如此认为，就连乾隆帝也持相同看法，指出这既是

"诬为叛逆"。

清朝初期学者彭孙贻指出,多尔衮"初称摄政,次称皇父,继而称圣旨",他虽然没有正式称帝,但他的权力已然达到无人能及的地位。然而多尔衮"无成谋,拥戴者骎骎,骑虎难下。"也就是说,位高权重的多尔衮并非毁在敌手,而是受到溜须拍马之人的迫害。

多尔衮心腹刚林曾在一次审问中透露到,他整日都思考着如何向多尔衮投其所好,而这份档案现存在中国第一历史档案馆中。

在多尔衮死后,他的威名和盛誉渐渐败落下来,面对反对派,多尔衮若能像李世民对待魏征那般,就可以称得上足智多谋了。然而,他在生前并没有那般智慧,导致他死后未能延续荣耀。

说点局外事

顺治帝福临是仇恨多尔衮的,这当中有以下几种缘由。

其一是皇位之争。作为摄政王的多尔衮并非没有机会坐上皇位,只是他放弃了你死我活的争斗而已。顺治七年(1650),多尔衮以皇帝的身份自居,掌握的权利完全与皇帝相同。

其二是豪格之死。顺治帝执政初期,作为同胞兄弟的豪格本可以当他的得力帮手来捍卫他的政权,然而多尔衮除掉豪格让福临更为恼怒。

其三是迎娶孝庄太后。孝庄本是皇太极的宠妃之一,也是顺治皇帝的生母。对顺治帝福临来说,这恐怕是最难以言说的痛处吧。

多尔衮一生娶妻无数,在豪格死后便强抢豪格之妻,就连孝庄太后都没有放过。

到了乾隆年间,弘历为多尔衮恢复声誉,指出多尔衮"定国开基,以成一统之业,厥功最著"。纵观整个清廷发展史,多尔衮为大清帝国做出的贡献确实不能泯灭,故而乾隆的做法并不为过,且十分符合史实。

顺治托孤

"托孤"是封建王朝时期盛行的继承制度，也就是将权利转交给儿孙的制度。在当朝皇帝辞世前，将权利转交给年幼的皇子，有的皇子尚在襁褓中，有的已然长大成人，而婴儿该如何执掌大权呢？

一个泱泱大国岂能听任不知事实的婴童调遣，但封建王朝的劣根性在于皇族姓名事关统治大权，难再更改。于是，为了让政治体系继续运作，皇帝会为继承人择选几位济世之才辅政。

然而，从严格意义上看来，"托孤"看上去更像一次买卖，是封建社会所残留的毒害之一。

清廷第三任皇帝顺治帝驾崩之前，就决定将皇位交给皇子玄烨，并亲自挑选出四位顾命大臣，这四人便是索尼、鳌拜、遏必隆、苏哈萨克等功高权重的大臣们，之所以选择他们四位就是希望朝廷势力有所平衡，让皇帝的权利更加稳固。

在辅政初期，四位顾命大臣皆恪尽职守，没有丝毫亵渎之心，全权为皇帝江山谋福利。一统中国的愿望也在他们的合力协作下继续进行。公元1662年，吴三桂为四位辅臣效力，除掉了南明桂王朱由榔。明朝其他小部分残余势力也陆续归顺朝廷，连台湾部分将领也向清廷主动归降。

公元1664年，陕西、湖广、四川一带农民军仍在誓死顽抗，在那里逐渐有安营扎寨的趋势。为了彻底扫清余孽，清廷派遣靖西将军穆里玛和定西将军图海调遣八旗精兵直抵暴乱发动地域，剿灭了以李来亨为领袖的一批暴乱分子。

至此，清朝局势渐趋稳定，国土上战事渐渐变小，清朝也在不断地加强政权。不过由于连年不断的战争，民众的生活遭到了极大的影响，因此民众仍然生活在一如既往地贫困中。四位辅政大臣为振兴国家经济，实现国富民强，便开启发展生产模式，在各地实行奖励垦荒政策，为当地人民减轻严苛税收，以复兴民生。

在宫廷体制内，他们按照先祖的遗诏，将内阁和翰林院尽数撤除，三院重新恢复旧有称号，为提高官员行事效率，专门撤掉了十三衙门，并为督抚的标榜作用给予关注，内务府也被扩大了规模。

仅仅几年的时间里，清朝的经济就有了腾飞式的发展，民生状态也渐趋稳固。

自公元 1666 年起，顾命大臣变成了顾权大臣，他们争论的重点不再是改善民生问题，而变成了暗地里的互相猜忌和争权夺利的斗争。

在四位大臣当中，就属鳌拜和苏克萨哈之间的斗争最为激烈。鳌拜借助着他过往的累累功勋，常常目中无人，对大臣们颐指气使，而苏克萨哈偏不对他感到忌惮，二人论事的时候常常产生争执，日积月累，矛盾也越来越深。

虽然另一位顾命大臣索尼为此多番劝诫，仍然不能令鳌拜与苏克萨哈冰释前嫌，故而曾屡次向圣祖请求亲政。

大臣遏必隆是鳌拜的党羽之一，他对鳌拜唯命是从，没有任何违逆之处。在另一方面，苏克萨哈势力单薄，无人趋附于他，目睹鳌拜独掌大权却不能有所作为。

康熙六年（1667）六月，一直为朝廷安危奔波的索尼不幸辞世。每到奏章被颁发之时，鳌拜总是名列前茅。是年七月，苏克萨哈请求为先皇顺治帝守陵。

正是借此机会，鳌拜编织二十四项罪状加赋予苏克萨哈，锄掉了这位一直以来的眼中钉、肉中刺。从此，鳌拜的专政道路越发坦荡无阻，国家权力掌握在他一人之手，同时专好结交党羽，培养心腹，为自己的地位加固垒土。

局势分析

顺治帝在康熙八岁的时候便已经决定让他继承皇位，不过由于他尚且年少，就专门找来四位辅佐大臣负责监国。

顺治帝在最后一刻选择鳌拜等异姓大臣，而并未选择宗室亲王，也许和他少年时的经历有些关联，多尔衮事件让他不得不反省对亲王过分信任的问题。但是鳌拜并未能达成他的愿望，反倒辜负了顺治帝的信任。他在辅政之后便肆意玩弄权利，铲除异己、擅权专政，违背权臣应遵循的事理和规矩。并且，由于顺治所安排的这四位大臣中，苏克萨哈与鳌拜隔阂最深，争斗也最为激烈，导致他们四人无法凝固一心，反倒开始互相撕咬。辅臣中声望最高的元老索尼因为年老体衰，也渐渐不再过问朝政，任凭鳌拜与苏克萨哈两虎相斗。另一位辅臣遏必隆虽然出身名门，但毫无主见，执政路上常常在鳌拜影子里行走，不敢有任何违逆行为。

因此，顺治托孤选择的四位辅政大臣，在登上权位最高峰后，便忘记了顺治帝的临终嘱托，放弃了对忠孝礼仪的追逐，以鳌拜为首，渐渐走向独霸朝政的局面。

说点局外事

关于顺治帝最后的归宿，历来说法不一，常见的有以下两种：

第一种说法：出家为僧

话说顺治身边有了董鄂氏之后，对于知书达理、美貌才情俱佳的董鄂氏甚是宠爱，可惜好景不长，柔弱女子怀着对襄亲王的愧疚，加上丧子之痛，身体每况愈下，早早便撒手人寰。爱妃的死给顺治带来了无可弥补的伤痛，他万念俱灰，只一心念佛，不理朝政。虽然皇太后及群臣苦口婆心，劝其念及江山社稷，但也没能改变顺治出家的决心。不久，顺治就成了五台山一个修行的和尚，朝廷对外诏告天子福临因病身亡。一代君王顺治皇帝，远离红尘喧嚣，晚年就这样在寺庙的青灯古佛陪伴下度过。

第二种说法：死于天花

董鄂氏病逝后，顺治帝念念不忘，无法自拔。许是因念生病，顺治帝染上了可怕的天花。天花作为传染性很强的疾病，在医术落后的古代，死亡率极高。

不久，当大臣们向顺治皇帝请安时，已经知道他身染重病了，这一消息传开后没几天顺治皇帝就驾鹤西去，无论王公大臣和寻常百姓都不相信这个事实，或者也正是因为这样，后来的史料记录才会有顺治出家的说法。

顺治帝作为一代君王，一举一动都决定着江山的变化，关于他传奇的一生、可歌可泣的爱情以及与佛教的不解情缘，都尘封在已逝去的历史里，不可重现却无比耐人寻味。

第三章　繁华似梦

康熙亲政

清圣祖玄烨，中国清朝第四任皇帝，是为康熙帝。在公元 1661—1722 年间主张朝政，谥号为"仁皇帝"，庙号"圣祖"。之所以被称为"康熙帝"，乃是由于他的年号是"康熙"的缘故。

在中国历朝历代中，没有任何一位皇帝在位时间超过康熙。康熙帝统治时间长达六十一年，也是我国在位时间最久的皇帝。

康熙对外平定叛乱，对内安邦兴业，以清明廉政为目标，在位时期带领清朝进入了"康乾盛世"，为清朝统治根基的加固添砖加瓦，对清朝经济的发展做出了不可磨灭的贡献。

康熙的父亲顺治皇帝，和汉族佟氏宠妃共同生育的康熙帝，本是顺治皇帝的第三个儿子。在佟氏在世时，由于一向不被皇帝所重视，常常受到冷漠对待，致使她的儿子玄烨也并未受到足够的重视。反倒是一向被宠爱的董鄂氏和她的儿子被皇帝所青睐，于是董鄂氏的孩子四皇子遂被封为太子。

在四皇子不幸离世之后，孝庄皇太后身为玄烨的祖母，一心想要辅佐玄烨登上太子位，为此在顺治面前施加了不小的压力，终于顺治在病榻之上选出玄烨为新任太子，并命令下臣将旨令宣告天下。

少年康熙执政初期，由于清廷各项财政措施和内部吏治等皆不完善，所以康熙便积极采取得力措施稳固朝政。然而，在此时，宫廷内部争斗仍然纷乱不休，各旗间的矛盾有愈演愈烈的趋势，尤其是黄、白两旗的纠葛由来已久。黄、白两旗所得土地不均，朝廷重臣鳌拜操纵的换地事件点燃了辅政大臣们争斗的导火索。

正是朝野在一片昏黄交接处时，辅臣鳌拜如巨蟒般的野心游荡在朝廷各个角落，他从皇太极身边的忠臣谋士到顺治时成为最倚重的大臣，在康熙时期忽而又转变成另一副面孔，开始入侵朝政大权的缝隙。

他轻视年弱的康熙帝，不仅在朝堂上对皇帝出言不逊，丝毫不在文武百官面前为一国之主留下情面，还以皇帝之位斥责大臣们，这令登基不久的康熙帝感到十分的愕然。

康熙虽然年幼，但却胸怀大志，眼见着鳌拜在朝中肆意妄为，侵害到了他的权威，所以他决定尽早铲除鳌拜势力，为清朝扫清一个痼疾。不过，因为康熙帝刚刚即位不久，而鳌拜势力又过于强大，令康熙不得不放弃一泄怨愤的鲁莽行径。

正是因为鳌拜肆无忌惮地到处揽权，无视聪慧过人的康熙帝，才最终造就了他悲惨的结局。

当时朝中黄、白两旗势均力敌，常常互为对手和打击对象，由于鳌拜的作弄，以换地事件为契机，白旗的苏克萨哈势力遭受了严重的打击。

不仅削弱政敌的力量，鳌拜对康熙的侍从们亦同样不择手段，内大臣费扬古之子倭赫在康熙身旁担任侍卫，因为对鳌拜表现得不够尊敬，令鳌拜怒火中烧，之后以"擅骑御马、取御用弓矢射鹿"的罪名杀了他，还心狠手辣地杀害了费扬古全家。

面对鳌拜蛮横无理的行径，户部尚书苏纳海、直隶总督朱昌祚、巡抚王登联等三人坚决不向他屈服，致使鳌拜盛怒之下，为他们随便定了个罪名就要处死。

身为一国之君的康熙也明白三人并无任何罪行，只因为鳌拜的只手遮天，才令他们惨遭陷害，然而羽翼还不丰满的玄烨，又如何令老谋深算的鳌拜收回成命呢？最终还是没能保住这三位忠臣的性命，被鳌拜在暗地里全部杀害。

明知这是场冤狱，却无能力做出惩罚的小皇帝不免万分的痛心疾首。到了康熙六年（1667），辅政大臣之首索尼因病去世，他在临终前的决定改变了清王朝当时昏暗不明的状况。这一年，小皇帝玄烨已经十四岁了，在索尼的

最后安排下，开始掌管朝政，也就是所谓的亲政。

为了更好地巩固皇帝的权位，同样身为辅臣的苏克萨哈提出守护先陵的请求，暗示其余两位辅政大臣同时辞去官职，这严重侵犯了鳌拜的权益。

被触动命脉的鳌拜怒不可遏，随即编造了众多莫须有的罪名，给苏克萨哈戴上了条条铁链，令其最后亦被冤死。虽说康熙痛心之极，但仍不能一吐其心中不快，只好咽到肚子里，以等待最好时机的到来。

在一旁暗自窃笑的鳌拜显得志得意满，他的政敌现如今已全部被他铲除殆尽，只剩下个遏必隆，还是他的心腹幕僚，从此鳌拜的权力之路迈上了最高峰，而自高峰坠落也是在同一时间发生的。

年弱的康熙帝眼见着鳌拜越发狂妄自大，犹如街市流氓般在朝内横行霸道，俨然一副太上皇的模样，令他再也无法抑制住想要铲除他的想法。鳌拜不仅重蹈多尔衮圈地的做法，还加害众位忠臣谋士，消除任何反对他的势力。在朝中结党营私，为己谋利的鳌拜并没有想到有一日，康熙帝会轻而易举地将他扳倒。

不知从何时开始，康熙帝的后花园中出现了众多习武之人，他们每日在同一时间、同一地点操弄棍棒、枪法以及摔跤，好似在准备着什么。

原来这些康熙的武伴都是他亲自挑选来的亲王子弟，在刻苦的训练过后，这些子弟的武艺渐渐变得出类拔萃，没过多久就已经进入了实际操练阶段。

鳌拜以为康熙帝不务正业，每日只将心思放在玩乐上，也就没有多加在意。谁知道康熙早已布置好陷阱，鳌拜还在沾沾自喜的同时，康熙的义士们早已准备完毕。

某日，康熙帝单独召鳌拜入宫议政，不耐烦的鳌拜迟疑了一会儿，却仍然大胆前去赴约，谁料一进入皇帝宫殿，左右突然冒出一群少年摔跤手，将硕大的鳌拜团团围住，经过一阵激烈的打斗，鳌拜最终被侍从们降服，并被打入了监牢。

康熙帝最终网开一面，没有赐死鳌拜，而是定下三十余条罪名之后，免去了鳌拜所有的职权，判处他无限期关押在监牢。随后康熙开始重整朝政，扫清鳌拜残余势力，彻底根除不良分子们的毒素，为受冤而死的朝臣昭雪平冤。

才智过人的康熙帝，在年轻的时期便铲除了鳌拜这一奸臣逆子，为自己的势力发展和政权巩固扫清了障碍，从此正式开启独掌朝政的道路。

◢◤ 局势分析 ◢◤

身为臣子理应恪尽职守，为皇帝分忧解难，为国家富强繁荣昌盛贡献一己之力，然而鳌拜这一功勋卓著的大臣，在权倾朝野的时候仍然不满足，还想要替皇帝"掌管江山"，实在是贪得无厌的代表人物之一。

正是由于封建社会的专制性，令皇帝不得不与臣子相互辅助、相互提防，仅靠皇帝一人的职责，远远不能让朝政顺利运转，但又不能全部倚靠朝臣的管理，若自己的权力无施展之处，那么距离一个王朝的覆灭也就为时不远了。

在索尼的帮扶下，正式开始亲政的康熙在文武百官面前还没有震慑人的权威与独理朝政的能力，故而令心怀不轨的鳌拜乘虚而入，在当时几乎享受着同皇帝一样的待遇。

不过，还好这位年轻皇帝并不是平庸之辈，他眼见着鳌拜势力越发滋长，认定自己必须斩除这一痼疾，于是暗地里集结了众位义士，最终设计将鳌拜缉拿。

在鳌拜掌权的日子里，他排除异己、集结党羽，除掉了无数政敌，但他从未想过自己会败在年弱皇帝的手中。鳌拜的清除，给朝野吹来一股清新的空气，让浑浊已久的朝廷顿时焕发新貌，暂时变得欣欣向荣起来，康熙亦开始真正主掌大权。

◢◤ 说点局外事 ◢◤

清军入关以后，鳌拜发挥了重要的统帅作用。顺治元年（1644）十月，鳌拜跟随阿济格进攻守卫西安的李自成农民军，一路攻陷四城，降三十八城，又与多铎一起瓦解了大顺军，攻克了六十三座城池。

顺治三年（1646）正月，鳌拜随肃亲王豪格率军进攻张献忠大西农民军。鳌拜一马当先，身先士卒，率领军队勇猛击杀。清军攻破多处堡垒，缴获大量战马，杀敌数万，鳌拜继续一路进发，除云贵的大西军余部孙可望、李定国外，基本上肃清了四川的农民军。一路大小战役，鳌拜军功卓著，为清初开国征战立下了汗马功劳。

这样的一员忠臣骁将，一直深得皇太极信任。崇德八年（1643）皇太极逝世后，肃亲王豪格与多尔衮的帝位争夺中，作为镶黄旗护军统领的鳌拜与两黄旗大臣索尼、谭泰誓死效忠先皇，极力拥护先帝之子豪格为帝，以抵御多尔衮的夺位势力，甚至不惜准备武力相抗。

后来双方各自让步，拥立先帝幼子福临即位。因为帝位之争，多尔衮对极力拥护豪格的鳌拜怀恨在心。成为摄政王后，他先后三次设计迫害鳌拜。

第一次是在顺治元年，鳌拜跟随阿济格征讨大顺军立功后。由于阿济格没有及时奉旨班师回朝，且谎报战功受到处罚。话说这阿济格是顺治的叔父，藐视小皇帝，私下呼顺治为"孺子"。后来多尔衮便使清廷下令鳌拜与固山额真谭泰回朝传示此事，两人袒护阿济格，没有照办，结果不仅没被奖励，还被罚银百两。后来鳌拜还因为庇护谭泰等人，几被革职。

第二次，顺治五年（1648），因部下冒领战功，鳌拜也被处"革职罚银"。后来鳌拜等人当初谋立肃亲王豪格之事被告发，怀恨在心的多尔衮便借此事大肆囚禁审讯众人。鳌拜被论死，后被判自赎。次月，鳌拜又被告发在皇太极死时"擅发兵丁守门"，再次被多尔衮革职为民。

第三次，顺治七年（1650），多尔衮生病，想要顺治探望他，他就请贝子锡翰传达，然而转脸却又责罪贝子亵渎令规，还把鳌拜治了个包庇罪，再次论死，所幸后来被罚为降爵自赎。

直到十一月，多尔衮坠马身亡，顺治亲政，鳌拜才不再受多尔衮迫害。虽然战功赫赫，但在多尔衮执政时期，鳌拜也是受尽迫害，吃尽了苦头，但始终未曾屈服多尔衮势力，忠心为主，实属高风亮节。

苦尽甘来，顺治亲政后，对忠心的鳌拜等人及其器重，鳌拜也全心全意参与处理各复杂繁复的朝事，表现出色。孝庄太后病了，鳌拜也不辞辛苦侍奉左右，顺治看在眼里，赞赏有加，因此对鳌拜也是十分信任。鳌拜旧伤复发卧床在家，顺治也亲临探望，嘘寒问暖。

以上看来，在顺治帝在位时期，鳌拜实在是个忠心赤诚的好臣子。只是在顺治帝去世之后，鳌拜的狼子野心便也逐渐浮现了出来。

三藩之乱

康熙剿灭完鳌拜多年累积的庞大根系后，朝廷内部可以说一时变得空前团结，都想为这新生的朝廷贡献一己之力。然而，虽说康熙帝已然达到亲政的目的，但是中国大地还未完全统一，各处仍然埋伏着一触即发的炸弹。

例如南方一带，就有虎视眈眈的汉族军阀，他们以吴三桂为首，尚可喜、耿精忠等人为联盟成员，如同一根线上的蚂蚱共度风雨，与北方朝廷分庭抗礼，为北方朝臣所惧怕。

为此，年少的康熙仍然有一场艰苦卓绝的战役需要打拼。虽说康熙帝仍然是一位不足二十岁的青年，但他在军事方面的天赋足以令敌人胆寒。

对待三藩之乱的事情上，康熙帝居高望远的胸怀和平静自若的胆识令人震撼，也为后来清朝中兴的盛况埋下伏笔。所谓的"三藩"，是由三位降清的汉族军阀组成，也就是镇守云南的平西王吴三桂，割据福建的靖南王耿精忠，踞守广东的平南王尚可喜等三人。

三藩在清朝入关初期就逐渐归拢民间散编军队，在多年的南北征战中逐渐积累实力，为后来的藩镇割据奠定了基础。

三藩犹如三根尖锐的刺扎入清廷肉体的肋骨附近，让朝廷再难坐视不管。三番之首吴三桂在云南、贵州二省为非作歹，掌管那里的军机大事，就连中央官吏也不得插手。吴三桂还各处调任心腹幕僚，纠结党羽，在各地都有他的私党，被称为最可怖的地方藩王。其余二藩虽说没有吴三桂的势力强大，但也占据着一方势力，实为各个藩镇的毒瘤。这三位藩王各自手握重兵，所持军事力量令朝廷也不得不畏惧。

耿精忠、尚可喜拥有佐领和绿营兵多达数万人，而吴三桂的势力又超过耿、尚两藩的总和，约有五十三佐领和万余名绿营兵，因此天下白银半数耗在三藩身上。自从三藩割据以后，朝廷就再没获得三地上交的赋税，全部由三藩各自消化殆尽。

驻扎云南的吴三桂，在当地开采金矿、铜山，开发盐井，征收关市、榷

税等赋税，所得利益中央财政一律不得问询。在靖南王耿精忠迁移福建之前，耿、尚二藩均在广州驻军，因而当时的广州饱受他二人的毒害，变得伤痕累累，百姓好似在滚烫的油锅中熬煎，生活得不如游魂野鬼。

三藩不仅对内实行暴政，收取繁杂税利，即使对外，他们也没有放过能获利的机会，由三藩制造的大型轮船，出洋为市，获得暴利。

玄烨登基后，开始正式着手削弱三藩的计划，并为撤出藩镇做前期的准备。

终于等到一次至关重要的机会，康熙十二年（1673），年逾古稀的平南王尚可喜向朝廷请示告老还乡，顺便要求让其子尚之信沿袭王爵，继续镇守广东，这令灵敏机智的康熙眼前一亮，他即刻批准尚可喜还乡，并以平定广东为由，命令当地提督接管平南王遗留的官兵。

自尚之信被撤去藩王称号起，吴三桂、耿精忠二人便一直悬着一颗心，由于受不得惶惶不安的日子，吴、王二人决定自七月三日、九日以撤藩之名试探朝廷对他二人的态度。

二位藩王的请示信一到，朝廷上下立即出现两种声音，一类是希望康熙继续任命吴三桂驻守云南，以免战乱发生、生灵涂炭；另一类则希望坚决执行撤藩事宜，不过这类人也只有少数几位而已。而康熙皇帝却没有丝毫受到他人的影响，再三思虑之后，认为吴三桂图谋不轨，如若没有撤藩一事，亦会反叛，故而坚决要求撤除三藩。

这一年的八月份，携带着康熙圣旨的学士傅达礼和右侍郎折尔肯等人出发前往云南藩镇，而户部尚书梁清标前去广东，解决各藩镇的撤兵事宜。

眼见着称霸云南的梦想瞬间化为泡影，吴三桂立即撕去降臣的面目，换上反清复明的外包装，并重新恢复明朝时期的装束，自诩为"天下都招讨兵马大元帅"，还派使臣飞马传书其余二藩跟台湾抗清势力，组成反叛联盟。

自同年十一月二十一日起，吴三桂纠结各路人马，正式向清廷发起反抗，宣布云南独立。与此同时，派遣将领马保领军入湖广，又派另一路军马自四川入侵陕西。

由于吴三桂打着抗清的旗帜，遂令各地对前朝尚有留恋的百姓激愤而起，残留的南明势力也乘虚加入完成夙愿，以致这场同阶级间的斗争转化成为民族争斗，满、汉间的矛盾愈加激烈。

正是由于吴三桂利用汉族抗清的情绪，才使得事发后，叛乱在短时间内成蔚然之势，滇、黔、湘、蜀等各省份相继发起响应。

听闻吴三桂叛乱的消息，朝廷内外犹如投放了一枚深水炸弹，举朝皆恐，人人惶惶不能终日。到了这个时候，朝廷里仍然有严整提议撤藩者的声音出现，庆幸的是，康熙帝目不斜视耳不旁听，坚决指示出兵平复叛乱。

随着吴三桂的带头反叛，耿精忠、尚之信等人也相继起兵造反，各自占山为王，宣布藩镇正式脱离清王朝。

面对狼烟四起的神州大地，康熙不慌不乱，镇定布置战略规划，利用全中国的通信网，收发紧急情报。由于情报传播系统的便捷性，各地的战况都会传递到北京总督，送达的消息堆积如山，而康熙帝全部亲自批奏，以一人之力部署全国战事，从宏观上确保作战的整体性。

在用兵方面，康熙帝不排斥满、汉民族之别，反而在八旗军队被击溃时，果断启用汉族军队，达到了"以汉制汉"的目的。

就在各地战乱不断的情况下，康熙帝保证不向劳苦百姓征收重税，不剥夺他们仅存的财产以扩充军资，相反对重灾区采取减税政策，用来笼络民心，此乃极其有效的一项措施，为巩固抗战后方起到了不可言喻的作用。

在官军强力的打击下，叛军最终被剿灭干净。叛军的快速剿灭离不开康熙帝的从容果敢，也离不了后方民众的大力支持。三藩之首吴三桂在耿精忠、尚之信归降后，最后剩下独自奋战。

康熙十七年（1678）三月，面对咄咄逼人的清军部队，在孤立无援的状态下，吴三桂为了稳定人心，在一个雨天于衡州称帝为王，不过并没有延续多久。不久，吴三桂在征途中病死野外，之后由其子吴世瑶领兵退居云南，吴军已走上覆没的最后旅程。

平三藩是清代初期的重大政绩，体现出了康熙帝果断英明的一面。叛乱被平复之后，康熙帝收归调任大权，将军队交由军事处统一管理。

对于受降的三藩军队，除了将吴军调往边疆防护之外，其余各部均被编入八旗军队。发生叛乱的广州、福州等地增派八旗士兵镇守，云南、广西二省则由绿营军防卫。随着中央集权制的进一步增强，清朝统一的目标也已基本完成。

此外，三藩所积累的财产全部上缴军机处，以备战时军资，滇、粤、闽等地被重新整顿，边防区域的安定等都有了切实的保障，也为社会经济的进一步发展奠定了基础。

局势分析

藩镇势力过于强大便会危及中央的地位，由于三藩势力不断强大，才有了最后被消灭的结局。尤其以吴三桂为代表的藩王，在统治者的领地上图谋独立，镇守云南坚决不愿放弃独霸专政，最终变成了康熙的眼中钉、肉中刺。在皇帝决定撤藩之后，三藩仍旧没有放权的意思，反倒更加挑衅中央的权威，拥兵自重，招致被清朝大军剿灭一清。

康熙帝年少有为，以刚上任的魄力扫除了朝廷多年的顽疾，大臣们唯恐避之而不及的问题，都被新登基的康熙一一清除。故而，唐朝盛世的美名，实在离不开皇帝的英明谋略。

在康熙亲政后，他详细地制定了治理朝政的计划，通过严密的部署，他的计划一项项的达成，自鳌拜被捕到三藩被平，康熙皇帝正在一步步地迈向统治的巅峰。

说点局外事

吴三桂在清朝初期为了能获得信赖与重视，主动请缨向四处围剿南明余党。之后的十几年间，吴三桂是率领部众从西北打到西南边陲，可以说是为清朝的全国统一建立了汗马功劳。因为他突出的表现，赢得了清政府的信任，对吴三桂的政策也从原来的控制使用改为放手使用。

清政府不但在李国翰死后，让吴三桂独揽一方重任，还让他拥有在一切军事活动便宜行事的权利。同时，吴三桂在职务上也是一再升迁。顺治十六年，清政府攻下云南，当即委任吴三桂在此开藩设府，镇守云南，总管云南军民一切事务。康熙元年十一月，吴三桂又因擒斩桂王有功而被康熙晋爵为亲王，权利也扩大到了贵州。吴三桂的儿子吴应熊也被选为公主的驸马，号称"和硕额驸"，加少保兼太子太保。就这样，吴三桂终于攀上了他人生中的权势顶峰。

可是，就在吴三桂忙于在云南开藩设府、镇守一方的时候，他与清朝政府之间的矛盾也越来越激化。对于清朝政府的统治者来说，他们能够任用吴三桂攻打南明政权，这是为了清朝的建国大业。可是，当光阴辗转了十数年后，这时的清政府已经不是刚刚入关时的清政府了，他们已经坐稳江山，并且在吴三桂的帮助下，各地的南明政权被逐一消灭。举国上下相对平定之后，此时的清政府就需要在政治上对自己的统治区行使他们的统治权。

于是，为了国家的安定和恢复国家经济，清政府裁减了大量的军队，用来减轻国家财政上的压力。无疑，清朝政府实施的这一系列措施，都是于当时社会所需要的。但是，清朝政府的这一举措却大大的触动了吴三桂本人的根本利益。

康熙十七年，吴三桂在得知耿精忠和尚之信降清的消息后，他自己在衡州称帝，年号昭武。不过，他也没有当上几天的皇帝，同年八月就病死。他的孙子吴世璠继立为帝，后兵败自杀。到了康熙二十年时，吴三桂的叛军被全部肃清，他的子孙后代也被彻底杀光。

收复台湾

清军入关后，一批明朝忠臣勇将逃奔南方，图谋再度复兴大明，郑氏家族便是其中之一。到了顺治皇帝时期，郑成功率训练已久的精兵挥军台湾，留下世子郑经守护东南沿海一带。

郑军一举击溃荷兰殖民军，将台湾自荷兰人手里接管回来，却仍然把台湾划入明朝版图之内。

由于台湾被郑氏家族霸占，影响清朝政府的统一大业，从而被清政府定性为有待解决的领土纷争。在康熙元年，一代大将郑成功因病逝世，他的长子郑经在经历一番权谋斗争之后，继续统治台湾。

是年七月，清军收复沿海地带，打算趁势攻下台湾，朝廷命施琅担任靖海将军，统领精锐水师，出兵征讨。

施琅本是明朝降将，曾经同郑成功一起带兵征剿过荷军，但由于不满郑成功的抗清思想，遂自岛内逃回大陆，其家属之后被郑成功全部处死，因而施琅想要收复台湾的心情比任何人都要强烈。

在康熙三年和四年，施琅共发动了三次进攻，都因为战略不足而未能成功。这次出征台湾是清廷第一次对台用兵，以往的投诚人员大多参与了此次战役，并在其中发挥重要作用。

之后清廷向台湾采取招抚策略，希望能够不动用武力收复台湾，之后更是屡次派遣使臣抵台对郑经好言相劝，但都没有收到成效。郑经坚持台湾为独立国家，不归属于清廷版图，并要求按照朝鲜事例，不执行削发易服的规定。

就在三藩爆发叛乱之际，由于受到吴三桂的联盟邀约，郑经悄悄回到闽南，在三藩之一耿精忠的后方做短暂停留。清廷听闻郑氏前来，一边对耿精忠进行施压，另一边派遣使臣前去进行招抚。

由于三藩被清军平复，耿氏无奈带领残部向清廷投降，为了以功赎罪，康熙责令耿氏征讨海逆，经过数月的奋战，全闽沿海一带尽归清廷所有。郑经不得不退居厦门。

就在康熙十六年（1677）间，清廷康亲王杰书寄信给郑经，并专派金事道朱麟、庄庆祚亲往厦门招降。郑经依旧秉持独立台湾的观念，且坚持不降服于清廷。康亲王因此开始打造战船，锻炼水兵，以备择日攻打郑经。而就在此时，来自漳州的蔡寅自诩"朱三太子"，他拥兵数万，作战时势如破竹，令清军吃尽了苦头。

郑氏依仗日渐增长的势力，并不对清廷表现出退缩状，反倒对沿海诸岛产生了浓烈的兴趣，还向清政府提出由福建供应钱饷等建议。康熙认为郑经降服的意愿薄弱，便命令康亲王从郑经外围下手，招抚他所重用的官吏士兵。

等到康熙十七年（1678），郑经开启一系列战争，派遣健将刘国轩大败清兵，占领海澄，此举给清朝增加了不小的压力。而在清军一方，总督郎廷相、提督段懦弱无能，并无军事才能，因而在五月初十遭受罢免。在康亲王的推荐下，姚启圣被封为福建总督，主掌军政大权。

姚启圣，字熙之，出生于浙江会稽一户官宦世家，他自小饱览群书，常以古代清廉人士为榜样，长大后进入汉军镶红旗。康熙二年参加科举考试，中选后被封为广东香山知县，但在位没多久便被革职。

三藩之乱平复后，康亲王被提任福建总督，他以康熙招抚政策为根本，深得皇帝重视。在被封为总督后，厚待归降将领，安抚郑氏官员家属，在漳州专门建有修来馆，使得归顺人员都能感受清廷的诚意。在丰厚物质的诱惑下，台湾归顺清廷的官员竟然多达一万两千名左右。

康熙十八年（1679），清廷重启福建水师，王之鼎新任福建水师提督，准备好以武力再度进攻台湾。不过这位新任总督王之鼎，却并未实际参与过任何水战，对海上作战也不够熟悉，并以此向朝廷请求替换其职位。

到了四月，王之鼎愿望成真，万正色接替其位，负责福建水师提督一职。就在万正色上任后，占领金、厦的筹备工作便陆续展开。而在海峡的对岸，郑军正面临物资缺乏、生产难以为继的状况，清廷的劝降书也让军队内部产生不小的波动。

到了康熙十九年（1670）二月，万正色入侵沿海一带，驻守台湾的郑军本就毫无抵抗力，在清军的猛烈进攻下，已然濒临解散。等到三藩之乱被解决，收复台湾的进程变得更加刻不容缓。但经历常年征战后，休整成为兵民唯一愿望。考虑到兵民心声，康熙帝下令裁减兵马，将进军台湾的计划暂时搁浅，以备未来再度进攻。

康熙二十年（1671）正月，台湾内部发生天翻地覆的变化，郑经辞世而去，原本即将继承皇位的郑克臧被冯锡范所杀，之后郑克塽被冯锡范扶持上台，成为新任台湾统治者。然而，在与刘国轩等人互为臂膀之后，台湾政坛变得更加动荡，残害无辜的事件常有发生。

是年五月十九日，征讨台湾的计划重新启动时，施琅亦重又登上军事舞台，被封为福建水师提督，和姚启圣一起登临台湾岛。

在这年六月初七，由康熙召集的大学士会议中，正式宣布集聚大批人马攻取澎湖、台湾等地。不过因为施、姚二人各行其是，军事策略也不尽相同，故而未能顺利展开作战计划。

正是由于统领二人不能包容彼此，致使进兵速度严重拖延，进程亦滞后

了一大截。皇帝亲授施琅专征之权，命他负责大军一切重要事务。

虽然郑克塽仍然要求以外国礼遇相待，但是由施琅带领的军队已然抵达台湾，经过一系列出奇制胜的战略指导，使得台湾终于在施琅的手上回归祖国。是年八月，台湾方面正式宣布归降清廷，自此台湾重又与大陆联为一体。

局势分析

顺治帝登基后，南明遗将郑成功率兵征战台湾岛，从荷兰殖民者手中勇夺本属于中国的领土，为中华历史上书写了一页光辉的篇章。然而，郑氏在台湾岛上称帝为王，拒不归还脚下的土地，让台湾与大陆长期处于分离的状态，使得清朝不得不出兵攻打郑氏王国。

而郑氏内部亦处于分裂状态，郑经与郑世袭叔侄二人争权夺位，弄得统治内部人心离散，从此再难恢复郑成功时期的牢固与强大，最终导致政权崩塌，在清廷猛烈的炮火下被迫投降。

收复台湾是中华民族的共同夙愿，也是人民期盼的结局。这一美梦，在康熙帝时期成为现实，确立了台湾隶属华夏民族这一不容更改的史实，也因此为康熙帝的功绩史画上了浓墨重彩的一笔。

说点局外事

清朝时期，台湾归属清廷之后，中央在台建有台湾府，并规定台湾、凤山、诸罗三县划入福建省版图范围。由于台湾耕地面积少，汉民一度被清政府限制不得移居台湾，然而在战乱不迭的情况下，仍然有大量闽南、嘉应地区的居民迁移岛内。无奈之下，清政府只好放弃严格的限令，内陆地区的人民可以自由移居台湾岛。

在当时，据不完全统计，从刚回到清政府时仅有十万人的岛屿，到清代中旬，人口数量已增至三百多万。从中可见，清政府所采取的移民政策的巨大效用让岛内土地得以开发，农业得以迅速发展，台湾在短时间内成为"糖谷之利甲天下"的宝岛了。

雅克萨之战

原本在三百多年前，中俄两国的边界并非现在的模样，而在沙俄主义不断向外扩张的年代，中国的领土渐渐成为他们探险或寻找财富的土地。

黑龙江流域是我国不可分割的领土之一，许多民族的祖先曾在这里繁衍生息，创建了属于自己的家园。例如满族人的祖先肃慎、女真等便在那里繁衍、壮大。

自西周伊始，肃慎便与中原大陆建立联系，到隋朝时几度更换名称，都在历代史册中有所记载。隋朝时期，肃慎改称靺鞨，其首领还曾被隋炀帝封为辽西太守、金紫光禄大夫。

等到大唐王朝时期，黑龙江及乌苏里江地区第一次设立行政管理机构。由于靺鞨分成黑水、粟末两部，大唐即在当地设立黑水都督府、渤海都督府。之后，中原政府在这一区域皆行使主权。

俄罗斯国家领土原大多分布于欧洲，和中国并无相接处，直到明朝时期，俄罗斯殖民者跨山越岭侵犯中国领土，如叶尼塞斯克、雅库茨克城等地。一直到崇祯元年（1628），沙俄的魔爪伸入黑龙江流域，中国统治者便再也按捺不住，发动了一场场反击战。

自明朝开始，雅库茨克督军就屡次派遣军队入侵东北，在那里烧杀抢掠，无所不为。由于受到当地人的抵抗，才纷纷逃回雅库茨克。

公元 1651 年，沙皇钦点的将军哈巴罗夫率领大军再度侵犯我国黑龙江流域，并在此次征讨中占领我国雅克萨地区，当时是由阿尔巴西所领导的达斡尔领地。

同年秋天，俄罗斯骑兵挥军南下攻袭瑷珲城，还抢掠赫哲族人居住的乌扎拉村，在这里，他们肆意乱为，杀伤无辜。赫哲族人赶忙向驻扎边疆的宁古塔清军求援。得知沙俄来犯，宁古塔章京海色率八旗军围攻乌扎拉村，同俄军展开战斗。此次对战中，两方战况均惨不忍睹，士兵伤残巨多。哈巴罗夫率残部仓皇逃至黑龙江上游。又过了两年，哈巴罗夫才得以回到莫斯科。

在清廷入主中原初期，虽说对沙俄侵略十分不满，但碍于国内情势依然紧张，使得政府难以分割力量，全力抵挡俄罗斯的入侵。

然而清廷对这片土地的关注却从未停止过，朝廷也曾设立管辖处，派人监管那里。等到公元1653年，清廷在黑龙江、乌苏里江等流域设立宁古塔，由昂邦章京担任总管。

等到康熙元年（1662），清廷仍旧在此处设立军政机构，不过名字从"盛京昂邦章京"与"宁古塔昂邦章京"改为"镇守辽东等处地方将军"和"镇守宁古塔等处地方将军"。

在三藩之乱发生后，沙俄便加快了入侵东北的步伐。沙俄将据点定在尼布楚与雅克萨，动员大军向额尔古纳河流域发起总攻。

康熙帝不愿重蹈覆辙，也不甘于停滞不前，于是在黑龙江建立永戍，备齐装备武器，沿着黑龙江流域至乌喇设立烽火台，一旦发现危险，便飞马传书至京城，为打响战争贮备有充足的粮产物资等。

一边忙于平定三藩之乱，一边选派将军驻守黑龙江，清廷在这段时期的事件多到应接不暇，萨布素被钦点为驻黑龙江将军，也是第一位担任此职的将领。他在当地驻兵屯田，有效地遏制了俄国侵略军向下游入侵，这也为夺回雅克萨预备了良好前提。

终于清廷剿灭了三藩，还顺利统一了台湾，使得政府有空腾出手来对战沙俄，于是，清廷决定以最快时间收回雅克萨。

就在这一年的春天，清朝派遣众位优秀的将领，以都统彭春为代表，联合黑龙江将军萨布素，集合军队，依照康熙旨令，分为几路人马赶赴雅克萨。然而，沙俄军队自恃军资充足、装备精良，不屑于向清军归降，并对清军施以武力。见和平交接无望，清军首领决意分水陆入侵雅克萨。陆军部队列于城南，水军战于城东南，而城北则放置大炮。

没过几日，清廷的炮火就使敌军惨死30余人，在二十五日清晨，清军做好了总攻雅克萨的最后准备。

在萨布素的指挥下，清军自四面围攻雅克萨，八旗兵在彭春、班达尔善等带领下攻陷城南，水师军队则由何佑等集聚在雅克萨的城东南，还将威慑力巨大的红衣大炮放置于城北制高点，使雅克萨陷入层层火力的包围圈。

俄军所驻守的雅克萨城虽说城堡坚固，但一旦攻破，便再无能力抵挡入侵者。在副都统温代的率领下，全军向城西大举进攻，俄军溃不能挡，惨伤严重。为了进一步对俄军施加压力，清军派遣兵队在城下堆积柴火，威胁要以火攻城。

托尔布津见城内粮饷殆尽，沙俄政府又没有增兵的消息，自知难以抵抗清廷势力，无奈向清军提出和解，不过附带一个条件，希望能将武器装备尽数保留。

萨布素向朝廷禀告后，答应了俄军的归降请求。经过正式的受降仪式后，托尔布津明确表示决不再侵犯雅克萨边境。依据康熙旨意，统领彭春将全部俄军战俘归还俄军，并同意他们带走所有武器装备。另外，清军还专门送700多名俄国人抵达额尔古纳河岸，才返归京城。第一次的雅克萨之战，终于在清军的不懈努力中，取得圆满胜利。

等到返回尼布楚，第一次雅克萨战役的失败，令托尔布津感到心有不甘，决意他日再次征讨雅克萨，并开始整顿军队，提高整体作战力。

清军在回到京城之后，没有料到托尔布津竟然卷土重来，并且扩充了军队，显然是早已预谋好的计划。重返雅克萨的俄军，日夜不停地加固堡垒，做好打长久战的准备，而距离俄军受降当日，才不过仅有两个月而已。

康熙二十五年（1686），经过康熙帝钦点，萨布素自黑龙江出发前往雅克萨征讨出尔反尔的俄军。在清廷猛烈炮火的攻击下，俄军被一举击溃，"雅克萨督军"托尔布津也在这场战役中死去，城内镇守的雅克萨士兵顿时陷入混乱，没过几个月，俄军便只剩下一百五十余人了。眼见粮尽弹绝，城外清兵又绝无退让的意愿，雅克萨俄军除了死守也并无他法。

远在莫斯科的沙皇听闻清廷对夺回雅克萨如此重视，并准备侵占尼布楚，十分惊恐。当时，因为沙俄与欧洲国家也在交战，远东部分便无力增援。最终沙俄政府决定放弃雅克萨，接受与清廷谈判解决边境争端问题，并且要求清政府立即休战，停止对雅克萨的围攻。

谈判如约举行，中国派出大学士索额图，俄方派出戈洛文担任谈判使臣。谈判结果虽然艰苦，但结局还是较为平等的，谈判条约被称为《中俄尼布楚条约》，这一条约规定了两国的边境，并从根本上解决了中俄分界线问题，承认并肯定了黑龙江流域、乌苏里江流域归属于中国。另外，这一条约在一定程度上遏制了向外扩张的沙俄的脚步。

这场发生在十七世纪八十年代中俄之间抢夺东北雅克萨的战役，是清军入关后稳定国内局势的重要举措，它所具备的意义十分重大。

这场战役最终能够取得胜利是清廷英明决断的结果，它不仅捍卫了中国固有领土的相对完整性，也使得清廷更加具备信心管理中原，雅克萨之战驱逐沙俄的同时稳定了国内局面。因而，雅克萨之战对中国人民来说意义重大，是我国反击战中的一次伟大胜利。

局势分析

面对内忧外患的清廷，沙俄认为时机已经到来，便抓紧步伐扩张领土，征伐东北黑龙江流域。虽说这一现象由来已久，但对于清廷来说，仍然是一件事关重大的问题。

清廷入关初期，国内局势还未稳定，因为抗议剃发易服而发生的暴乱已经耗费掉清军部分兵力，所以才使得俄军有了可乘之机。

到了康熙帝执政时期，国内国外局势变化巨大，他着手在东北边境修建宁古塔，向那里贮存粮产等物资，为抗击沙俄做足了准备。

待终于解决了三藩之乱，收回台湾以后，清廷的精力便集中指向东北边境雅克萨，因为众望所归，也由于将领们得当的作战指挥，使得雅克萨战役取得了圆满的胜利。虽说最后签订的《中俄尼布楚条约》中，将尼布楚划分了出去，但在中国历史上，这是属于相对公正的一款条约了。

说点局外事

在远古时期，黑龙江和山东半岛上的居民就具有十分悠长的历史关联。夏朝建立伊始，也就是公元前2000年，山东半岛在龙山文化时期的农业渡过渤海传递到东北肃慎人身边。

公元前2130年，也就是帝舜二十五年，肃慎氏不远千里自北方而来，向朝廷进献弓矢，后来成为令国人骄傲的一次历史佳谈。从未踏出家园的肃慎人到了中原之后，看到了当时最先进的"舜耕田"。

公元前1100年，巍峨的长白山下，美丽的乌苏里江、松花江以及黑龙江中下游，肃慎族常年在当地繁衍生息。这地区的中心地区乃牡丹江中段流域。

大约在公元前1050年，走上末路的商朝由王子辛执政领导，不久后便被华夏族、羌族混血的周武王姬发推翻政权，随后西周王朝建立，肃慎族还曾派遣使臣贡献楛矢石砮。

到了东周，黑龙江流域出现东胡和挹娄两大民族，他们皆为通古斯民族，信仰宗教为萨满教。

亲征噶尔丹

雅克萨战役结束之后，东北边境基本沉入平静，清朝在康熙的带领下步伐变得越发矫健。然而，中俄战事还未歇停多久，西北的准噶尔部又发生动乱。

原本势力雄厚的蒙古部落随着元朝的覆落，渐渐瓦解成三个部分，分别为漠南蒙古、漠北蒙古和漠西蒙古。而这三个部落，在清军入关后，也早早地归顺了清廷。作为漠西蒙古的其中一支，准噶尔部的实力强大，领土面积广。

在新疆伊犁一带繁衍生息的准噶尔部，牧民们逐水草而居，日出而作日落而息，过着悠闲自在的安宁生活。然而，这一切却被噶尔丹的野心所破坏，为了篡夺部落首领的位置，他给牧民们带来了接连不断的战事。

噶尔丹是清初漠西蒙古准噶尔部的首领，曾在西藏跟随活佛修习过佛经，当过喇嘛。为平定部落内乱，噶尔丹自西藏回到新疆，担任准噶尔部首领一职。之后，通过一系列南征北讨的战争，噶尔丹的势力逐日增大，已经延伸至天山南北。达赖喇嘛还特别封他为"博硕克图汗"。

康熙二十七年（1688），野心膨胀的噶尔丹受到沙俄的挑拨，决意征讨漠北蒙古土谢图汗部。面对来势汹汹的漠西军队，单薄无助的漠北部落，只好无奈迁移故土，当地蒙古人拖家带口，有的还驱赶着牛羊群跟随大军逃奔漠南，希望清朝能予以施助。

纵然康熙帝亲派使者前往噶尔丹处，要求他交还漠北蒙古，还是未能令噶尔丹动摇半分，因为他自恃兵力强盛，且有沙俄做靠山，所以丝毫不将清朝命令放在眼中。

经过一系列的事件证明，噶尔丹狼子野心的面目暴露无遗，然而蒙古三部作为清廷的北疆屏障，一旦被噶尔丹所吞并，那么对清廷来讲，不得不考虑到唇亡齿寒的危险。

于是，在康熙二十九年（1690），康熙帝决定亲征噶尔丹，兵分两路，率军北上。清军一路向左，自古北口出，由抚远大将军裕亲王福全率领；一路向右，自喜峰口出，由安北大将军恭亲王常宁带领，康熙帝亲率主力随后追进。

从右路线进攻的常宁军队出师不利，在途中被噶尔丹军队打败。敌方首领噶尔丹获得首战胜利后，难免志得意满，并扬言要与康熙南北对坐，划分天下版图。

面对出言狂放的噶尔丹，康熙帝纵观全局，暂时停止右路军队的一切计划，命令抚远大将军福全率军队自左路突击，并命令康亲王杰书等援助福全，派遣军队驻扎于归化城，中途拦住噶尔丹的归路。

正是在归化附近的乌兰布通，清军与漠西部队发生激战。噶尔丹依靠自然屏障，将军队集聚在大红山下，以前方滚滚河流作为抵挡，以后方茂盛的林木作为荫蔽，以为如此便能掌握主动地位。此外，噶尔丹还命士兵们驱赶万匹骆驼，在敌人对岸列成"骆驼城"，依次将骆驼蹄子绑住，令庞大的骆驼横卧于岸边，再以箱子作为遮挡物放置在驼背上，分别以湿毡子覆裹其上，形成一条坚不可摧的防御战线。

噶尔丹军队则守在"驼城"背后，自箱子缝隙间放射枪箭。康熙帝并未被敌方虚张声势的阵仗吓到，他命令右路军全营出动，向"驼城"发起猛烈攻击，纵使再怎么严密坚固，在炮火的打击下，"驼城"很快变得稀松破烂。

清军把握时机，率主力部队集中攻打敌军，而福全带领的左路军从左侧予以重击，致使敌军不久便无路可遁。随着战事接近尾声，敌人军队死伤人数过万，噶尔丹部队差点全部覆灭。

及至夜间，噶尔丹率领剩余部队，奔至大红山山林深处，意图择机潜逃。谁料清军调遣大军将山林围得水泄不通，根本连一个缝隙都没有遗下。撞上南墙的噶尔丹自知再逞强，便是鸡蛋碰石头，于是放下姿态派人去向福全告饶，请求谈判讲和。

正当福全暂停搜山，等待康熙帝指示之时，狡猾的噶尔丹趁机逃奔出山，一队人马很快便抵达漠北。

回归大本营的噶尔丹不仅没有痛改前非，反倒变本加厉起来，私下招兵买马又组建起一支骑兵。康熙三十三年（1694），希望通过和平手段解决北疆叛乱的康熙帝派遣使者约见噶尔丹，寄望于订立盟约。

谁料噶尔丹并未领情，还大肆宣扬要再度侵入南方，并声称沙俄已援助六万鸟枪兵，自此内蒙古各部无不忧心忡忡。

次年，康熙帝第二次出征塞外，兵分三路，征讨漠西准噶尔部。东、西、中路分别由黑龙江将军萨布素、大将军费扬古以及康熙帝率领，其余两部相约择日再一同夹击。

自远离京师后，康熙帝的中路军行军二个月，在沙漠中食不果腹，饱尝艰辛滋味，却丝毫不见敌军的影子。正在此时，前方哨兵传来可靠情报称，敌军就在前方不远处，并称沙俄部队亦紧紧跟随。

然而孤军深入的中路军，早已将左右两军甩在身后，一旦被敌军杀个回马枪，必然遭受大劫难，这难免令军心动荡，士气再度骤降。

中路军帐下幕僚们为了表示忠心，劝诫康熙帝以龙体为重，或停止征战或返回京师。本来一番好意，谁料却惹恼了康熙帝，被骂了一通之后，按照康熙帝的命令，率军继续加速前行。与此同时，派遣信使前往敌营，宣告敌军统帅噶尔丹御驾亲征的讯息。

结果，噶尔丹军队并未掉头对战清军，反倒立即收拾行李逃向更北的北方，所以说那些将领们忧虑过头了。

次日一早，康熙帝整顿好军队，驰马奔至敌营时，却惊觉敌营早已消失不见，唯有一片荒原出现眼前。惊喜之余，士气愈加高涨，康熙帝即刻派兵追击敌军，并遣兵士告知西路军拦阻噶尔丹。

像亡命之徒般奔跑了五个日夜之后，噶尔丹终于抵达昭莫多，还没喘息片刻，便遭到西路军的突袭。正在进退维谷之际，见东方有一小撮军队前行，噶尔丹便率军攻向东边，一直追击到森林深处，谁料突然冒出一大片伏兵，将噶尔丹部队团团围住，四面无路可逃，只能以硬碰硬，致使噶尔丹军队伤亡惨重，最后噶尔丹率领数骑侥幸逃脱。

昭莫多战役使噶尔丹退路已绝，再难于短时间内东山再起，想要征讨清廷的愿望也变成了遥不可及。正是在两次严酷战役的攻击中，噶尔丹不仅失去了大军，也丢失了人心，军队内部核心已崩塌，再难挽回。

并且，噶尔丹的起兵之地被他的侄儿抢占，原来称臣于噶尔丹的部落也纷纷宣告独立，让战败归来的噶尔丹无处藏身，只能四处逃遁。

虽说人心离散，军队所剩无几，但是噶尔丹仍然不愿屈服于清廷，在康熙下诏受降的时候，坚决不肯投诚。

正因噶尔丹顽劣的态度惹恼了康熙，在康熙三十六年（1697），清廷最后一次举兵征讨噶尔丹。不过，与其说是征讨，不如说是接受归降，因为噶尔丹的部下仅剩五六百人而已。于是，清军在不费丝毫气力的情况下，终于剿清漠西蒙古准噶尔部。

噶尔丹在被俘后，深陷绝望不能自拔，无奈服毒自尽。康熙亲政准噶尔的战事前后绵延了八年之久，平叛战役也终于告一段落，北方屏障又恢复了往日的功能。

噶尔丹死后，康熙帝不忘对准噶尔部后代实行优待政策，并给予部落贵族们一定的安抚与封赏。

在康熙暮年，准噶尔部战火再起，首领就是噶尔丹的侄儿策妄阿拉布坦，意图征讨南方的西藏地区。康熙帝听闻消息，果断决定出兵征讨，任命"安藏大兵"负责征剿叛军，最后顺利平复祸乱。

御驾亲征三次，在征服噶尔丹的过程中，康熙帝显示出杰出的智慧和胆识，为征服准噶尔部殚精竭虑，使得清朝北疆屏障愈加稳固，内部统治也随之安定了下来。这场战役是康熙帝丰功伟绩中的重要一项，也是康乾盛世中璀璨的一页。

局势分析

北方少数民族与中原统治者间的矛盾从未停止，清军入关前也是被明朝驱逐的蛮夷部落，等到清廷入主中原身份转变之后，对蛮夷部落的征讨也随之开始。

蒙古族在元朝盛极一时，随着元代的覆灭，开始大批量退出中原，向北方边境迁移。定居北方后，蒙古各部间的矛盾滋生，再没有统一全族的首领诞生，一直处于零散分裂的状态。

虽然噶尔丹有逆袭的机会，但他没有及时把握，康熙帝二度率军征讨时，噶尔丹恰好在不远处驻扎，并且清廷左右军还未抵达，若在此时噶尔丹决定反攻清军，康熙帝不一定能够将蒙古军队击垮。

康熙帝三征噶尔丹，体现出统治者的果敢与英明，处理准噶尔部战后事宜时，表现出宽容大度的统治者风范，而平复暴乱则显示出清廷作为大国的风范。

说点局外事

噶尔丹是准噶尔部前首领巴图尔珲台吉的儿子，出生于顺治元年（1644）。巴图尔珲台吉有六个儿子，起初，噶尔丹并不是首领的最佳人选，巴图尔珲台吉也没把首领之位传给他。早在噶尔丹十岁时，就被送去西藏，从此开始了十几年的喇嘛生活。

后来，噶尔丹听闻准噶尔部内部因为争权夺利发生内讧，首领继承人噶尔丹的哥哥僧格被杀，噶尔丹便趁此机会赶回准噶尔，击败政敌，夺取统治权，坐上了准噶尔部的首领之位。

当上首领之后的噶尔丹并不满足于当下，他开始肆意扩张，以争取更大的势力范围。他先是击败了自己的叔父楚琥布乌巴什，紧接着便把目标锁定到了漠西蒙古的和硕特部身上，不久，和硕特部战败，和硕特人被迫迁居青海，噶尔丹成了漠西蒙古的最高统治者。

雍正即位纷争

康熙帝共有三十多位皇子，而能够争夺皇位的亲王就有十几个，他们各个都虎视眈眈，虽然表面上不着痕迹，其实内心早已翻江倒海。这十几位亲王中，胤禛，也就是未来的雍正皇帝，在阿哥中排名第四，本与太子之位相隔甚远，距离皇位更是遥不可及。然而在胤礽被废立之后，胤禛在九子夺嫡中脱颖而出，最终在康熙帝去世后继任皇位，是为雍正帝。

胤禛在众多阿哥当中，行事低调不被人注意，在外也很少成为众人的焦点。二哥胤礽被两度废立期间，其他阿哥结党营私，窥视储位时，他也并未参与其中。在康熙四十七年（1708），胤禛被封为雍亲王，等到康熙晚年时，十分受到康熙的信赖，日复一日陪伴在老年康熙身旁，守候至死。

关于雍正帝即位的过程，人们有许多的疑问和猜测，即位的话题亦被人们讨论不休。

其一，雍正帝是否受诏称帝。由于康熙帝在位时期，为防重蹈先皇覆辙，择立太子时采取密诏制度。等到康熙薨世，这份遗诏才被从正大光明匾后取出，上面用满、汉两种文字书写道："朕已年近古稀，执政六十余载，朕去世后，尔等若齐心协力，朕亦安眠地下。后代皇子中，唯四皇子胤禛，深肖朕躬，人品高尚，定能克承大统，故而择立胤禛即皇帝位。"

这份手稿现存于中国第一历史档案馆，经甄别并非康熙帝的手迹，这就为人们提供了疑点，究竟康熙帝传位胤禛是否属实，又兼尚无其他证明，遂令民众不得不质疑其真实性。

究竟雍正帝是不是"夺嫡"而即位的呢？然而康熙帝在世时，曾将胤礽封为太子，而后两度废立他的太子位，到了康熙暮年，依然没有确立新的太子，所以雍正帝便不算夺嫡。

其二，雍正帝既然没有"夺嫡"，是否"夺位"？在康熙的众多儿子中，除了胤礽，康熙还十分中意胤禵，为了让他建立军功，胤禵被命为抚远大将军，东征西讨，并树立了自己的威信，这些都是他后来继位的资本。然而，康熙帝并没有为胤禵留下遗诏，并且还让胤禵流落青海而未留守京城。

不过即使康熙在遗诏中表明让胤禵继位，雍正帝很可能早就已将它销毁，并且康熙帝当时已病入膏肓，很难用清醒的意识做出决断。还有人认为，按照清朝的书信格式，胤禵是"皇十四子"，胤禛却是"皇四子"，假若想要修改遗诏，是十分困难的，几乎是无计可施。不过民间的这一传言，并不能排除雍正帝改诏的可能性。

总而言之，雍正帝即位的背后充满了疑点，至今仍是一个尚未解开的谜团，并且因为时间过去已久，档案也亦散落遗失，故而难以寻到确实的证据能够证明，或许这份疑案将永远埋藏在滔滔银河中。

假使夺位之说果真属实，也难以抹杀雍正帝的千秋霸业，他的功绩仍然值得被铭记。

◤ 局势分析 ◢

历来关于皇帝的传闻是最为大众所津津乐道的，不论是宫闱秘史或是夺嫡传闻，都会勾起人们的好奇心。雍正帝即位的谜团恰好显示出人们对帝王生活的猎奇心理，在大众的口耳相传中，雍正帝的即位过程变得更加扑朔迷离，充满了神秘性。历史总是伴随着偶然性与必然性，在人们怀疑胤禛是否篡改遗诏，或根本就是"夺位"的时候，其背后是大众对偶然性的极度肯定与对人定胜天的希求。

据历史记载称，胤禛平日里作风低调，从不铺张浪费，让侍从们都深感讶异。也许，正是这一点打动了康熙帝，最后选定胤禛继承皇位。因此所有偶然性的背后都有必然性的跟随，即使雍正帝"夺位"说成立，也从侧面证明了他过人的智慧与实力。

◤ 说点局外事 ◢

康熙帝还未驾崩前，雍正帝一向以友爱兄弟而闻名，然而在顺利登基后，雍正一改常态，对众兄弟展开了一系列打压、迫害行为。

虽然雍正帝已经坐上皇位，然而众阿哥们内心里对他却并不认可。所以，雍正帝即位之后，除了十三阿哥胤祥支持自己以外，几乎没人愿意承认他的皇帝之位。为了降伏各兄弟，稳固皇位，雍正开始一一处置众皇子。

大阿哥胤禔早在康熙帝时就被幽禁自然不会对雍正帝造成威胁。雍正十二年（1734），胤禔逝世，雍正帝以贝子礼仪葬之。

二阿哥胤礽，也就是被废的太子，虽然他已经被废，且一直幽禁在咸安宫，但他依旧野心勃勃，因此雍正帝对他很不放心。雍正帝登基之后，封胤礽为理郡王，随后又派人将他幽禁在郑家庄，对当地实行全面戒严。胤礽死后，雍正帝将其追封为和硕亲王。

三阿哥胤祉才华横溢，他的文学、书法抑或骑射技能都极负盛名，但胤祉对储君之位似乎并不热衷，当别的皇子都在争权夺位时，他却只是一门心思读书赏花。然而，雍正还是以"胤祉与太子素亲睦"为由，将他发配到遵化去守皇陵。后来幽禁在景山永乐亭。雍正十年，五十六岁的胤祉去世，雍正以郡王礼将其殡葬。

八阿哥胤禩温文儒雅，甚晓世故，由于生母原因故不得康熙帝宠爱，也因此养成了胤禩自立自强的性格。他的才华和韬略可以说冠盖京师，朝中多数大臣都是他的拥戴者，在九子夺嫡中，他更是受到众皇子的拥护。但是也正因如此，他成为雍正帝最为忌惮的兄弟。

雍正帝登基之后，朝廷动荡，政局不稳，即使胤禩是他最强劲的对手，为了向大臣们显示自己亲近兄弟之意，雍正帝还是将胤禩封为亲王。

斩除年羹尧

年羹尧是清朝有名的大将军，字亮工，号双峰，原籍在安徽怀远，隶属汉军镶黄旗。

年羹尧出身官宦世家，自幼文武双全，足智多谋，性情刚毅，在文学和军事方面都有出众的才能。康熙三十九年（1700），年羹尧考中进士，授庶吉士，从这以后他开始踏上官场。

康熙帝向来惜才，年羹尧也因能文善武的才能，很快就得到了康熙帝的格外赏识，被升为内阁学士。康熙四十八年（1709），康熙帝将三十岁的年羹尧破格提拔为四川巡抚。同年，四阿哥胤禛被康熙帝晋封为雍亲王，并迎娶了年羹尧的妹妹为侧福晋。年羹尧也随之投靠到了雍亲王门下，成了他的亲信。年羹尧在任四川巡抚期间，曾亲自写信给雍亲王说"今日之不负皇上，即他日之不负王爷"，以此表明自己的忠心。

年羹尧是文官出身，只因一个偶然的机会当上了武将，后来竟成了战功赫赫的封疆大吏。康熙五十七年（1718），准噶尔部侵略西藏，年羹尧向康熙帝上疏，提议在边陲增设驿站，康熙帝对此很是赞许。同年，年羹尧被升为四川总督，手握军政、民事大权。两年后，康熙命十四阿哥胤禵为抚远大将军，并率兵平定西藏叛乱，年羹尧是胤禵手下的主将。

康熙帝对年羹尧甚为器重，康熙六十年（1721），康熙帝亲自召见年羹尧并封他为川陕总督，这意味着年羹尧从此以后就成为西陲的重臣要员。在任川陕总督时，年羹尧又凭借自己的聪明才智平定了青海郭罗克地方叛乱，康熙帝对他更加欣赏和信任。

作为雍正帝的亲信，年羹尧在帮助其争夺皇权和稳定皇位的过程中发挥了关键的作用，年羹尧作为封疆大吏，手握军权，是雍正帝背后最强大的力量，八爷党的人也常常受他牵制。

雍正帝即位后，年羹尧备受宠信，雍正将其视为心腹大臣。

雍正元年（1723），罗卜藏丹津在青海发动叛乱，雍正命年羹尧接任抚远大将军一职，出兵平定叛乱。年羹尧经过周密的部署仅用了十五天的时间就横扫叛军，捣毁敌巢。

这一仗的胜利让雍正帝颇为欢喜，年羹尧也因此声名大噪，几乎全国的百姓都知道朝廷有个年大将军带兵打仗十分厉害。

年羹尧的胜利让雍正帝喜出望外，他为自己没有看错人而感到十分欣慰。年羹尧回朝时，康熙帝对他大加赏赐，雍正封年羹尧为一等公，还赏了他一个子爵，由他儿子年斌承袭，年羹尧的父亲也被封为一等功，外加太傅衔。至此，年羹尧成了雍正帝安排在外省的主要心腹大臣。

伴随着官职的一步步高升，年羹尧的权力也越来越大。雍正帝允许年羹尧独揽西部大权，西部地区的地方官员都要听命于他。年羹尧还可以直接参与朝政，国家大事、官员升迁，年羹尧都有发言权。对官员的劣迹，朝政的弊端，年羹尧可以随时上奏。雍正帝还特许年羹尧"传达旨意，书写上谕"。因此，年羹尧虽然位列总督，但他却有着总理事务大臣的权力。

除此之外，每当朝中有大臣进贡稀奇之物时，雍正帝总是不忘赏赐几件给年羹尧。在生活上，雍正帝更是对年羹尧关怀备至，包括他的家人。年羹尧妻子生病时，雍正帝会再三询问，赐送药品。可以说，雍正帝对年羹尧的宠爱已经到了无以复加的地步。在这样的恩宠下，年羹尧渐渐迷失了方向，他开始变得越发志得意满，狂妄不羁起来。

雍正二年（1724）十月，年羹尧奉命进京觐见，在进京途中，都统、直隶总督等大臣对其跪道迎送。到了京城后，王公以下的官员们都聚集在郊外跪着迎接他，而他安然端坐在马上，趾高气扬地从众大臣面前走过，看都不看众人一眼，大臣们对此很不满，纷纷指责年羹尧恃宠而骄。

见到雍正帝的时候，年羹尧更是以功臣自居，说话态度也满是骄横，雍正帝对此颇为不满，却也没多说什么。年羹尧回任后，便接到雍正帝的一道谕旨，上面写着："人臣图功易，成功难；成功易，守功难；守功易，终功难。……若倚功造过，必致反恩为仇，此从来人情常有者。"其实，从这时开始，雍正帝已经改变了过去嘉奖称赞年羹尧的语调，这份谕旨中，已经有了警告之意。

然而，年羹尧对此却并不在意，他依旧肆意妄为，没有半点收敛之意。他送给手下官员礼物后，会要求他们朝着北方叩头谢恩，这是臣下得到皇帝的恩赐时，才有的谢恩礼；对发给各方总督、将军的文书，本属平行公文，他却擅称"令谕"；在清朝，凡是皇帝的谕旨到达的地方，地方官员必须行三跪九叩的大礼迎诏，跪请圣安，但年羹尧却"不行宣读晓谕"。此外，他还经常贪污受贿，结党营私……种种迹象显示，年羹尧已经忘了君臣之礼，他甚至已不把雍正帝放在眼里。

年羹尧如此猖獗的行为在皇权强化、吏治澄清的雍正初年自然不会被允许，雍正开始对其采取行动。鉴于年羹尧手握兵权，背后党羽众多，雍正帝不好贸然将其拿下，而是决定对年羹尧采取分化瓦解的策略，他先召集朝中的主要官员旁敲侧击告诉他们要和年羹尧划清界限，再来告诫百官，若了解年羹尧的劣迹，要尽早揭发，以争取保全自身。

雍正三年（1725）三月，天空中出现了"日月合璧，五星连珠"的祥瑞之兆，众大臣纷纷向雍正帝道贺，年羹尧也不例外。但他奏折上的字迹非常潦草，还把"朝乾夕惕"写成了"夕惕朝乾"，尽管他后来一再上奏折解释，雍正帝却不想给他机会。雍正帝抓住年羹尧这个错误借题发挥，说年羹尧并不是写错，而是故意的，他这是大不敬。紧接着，雍正帝便下令革去年羹尧川陕总督的官职，交出抚远大将军印，后又将他调去做杭州将军。

朝中官员见年羹尧势力已去，纷纷挺身而出，揭发其罪状。在一片征讨声中，年羹尧被逮捕入狱，十二月，雍正帝宣布年羹尧九十二款大罪，其中，有三十多条可判极刑，但雍正帝念在其曾经有功于社稷的份上，赐其在狱中自裁。年羹尧家族中有官职者均被革职，嫡亲子孙发往边疆充军，家产全部没收。

至此，名噪一时的年大将军彻底身败名裂，最后落得个家破人亡的下场。

局势分析

在充满变幻的宫廷中，"一封朝奏九重天，夕贬潮州路八千"就是最真实的写照。由于皇帝的独专，个人的命运完全被操弄，何时升天何时入地，亦全都难以预料。即使是年羹尧这般与皇帝亲近异常的人，也难免在某个早晨再穿不到官服，也再难登临高位。因为皇帝的旨意即是你的生死命运。

年羹尧在雍正初期走南闯北征战青海，为国家的安定贡献了不可磨灭的功绩。但是在其地位逐渐稳固之后，他肆意妄为的态度亦引起了雍正皇帝的不满，最终被雍正帝赐狱中自尽。

也许是因为年羹尧过于嚣张跋扈，也许是由于雍正皇帝需要"杀鸡儆猴"，无论年羹尧的失位是因为哪一个原因，这一个事件都在告诉人们，所谓皇权专制下的位高权重，有多么的不可倚赖且不能长久。

从此，雍正帝加强了对朝政的统治，也让人们对他感到愈加畏惧。一代君王的执政之路便由此开启。

说点局外事

说起年羹尧的仕途之路，就一定要先提提他的父亲。年羹尧的父亲可不是小官，他曾任河南道御史、刑部郎中、工部侍郎、湖广巡抚等职，还是八旗子弟，所以年羹尧也算是个有靠山的"官二代"。

康熙三十九年（1700），年仅二十一岁的年羹尧考中了进士，被授予翰林院庶吉士职务（即当时的中央一般职员）；之后，他奉命出任四川、广东各地乡试的考官，升迁为内阁学士；康熙四十八年（1709），其凭借着优秀的政绩被擢为四川巡抚，风光上任；康熙五十七年（1718），又升任四川总督兼巡抚。应该说，年羹尧的仕途是十分顺利的。

但这平步青云一般的感觉还是远远不能让他满足。年羹尧是个十分有志向且功名心极重的人，一心指望能够有个机会让他大展宏图，权倾朝野，所以这样的"芝麻官"全然不对他的胃口。对权力的过度追逐，也使得他后来在一步步的升迁中变得目中无人、嚣张跋扈，自恃功高的他甚至连雍正帝也不放在眼里，最终落得个被赐死的下场，可谓令人叹息。

强化君权的军机处

军机处作为一个极其特殊的机构，其最初设立的目的是向边防出兵，后来为办理军需而设。雍正七年（1729），军需房被首度设立，后来被改为军需处或协理军需处。最终定名为办理军机事务处，简称为军机处。

清廷派兵镇压准噶尔叛乱期间，军机处便应运而生，四大臣协理两军事宜的同时，将情报与所需物资等机密精准且安稳地送至京城，为了保证其机密性，择选人专门负责。由于具备了高度的机密性，致使各省在两年内对此竟闻所未闻。

最初设立军机处是为了能够高效率地解决军务。雍正执政后，北方边境内的准噶尔部落战役连连，朝廷曾向那里多次用兵。依据往年的习惯，军政机密让内阁全权负责，不过内阁与内廷相距甚远，雍正帝的寝宫在养心殿，而内阁则设在外朝太和门的文华殿前，这就使得雍正帝在召唤大臣们时极其的不方便。加上内阁鱼龙混杂，想要保密是件极困难的事情，于是便形成了军机处这一体制外的机构。

军机处被设立后，机密要件往往就在那里决定，其余不重要的政务就交由其他部门负责处理。可是，军机处后来的职权变为"掌书谕旨，综军国之要，以赞上治机务"。军机处的职位越高，内阁的地位便越小，渐渐地军机处便具备了处理一切总务的职能，甚至演化为宫内琐事也都要经过它的审批。

原本高高在上的内阁突然间便一落千丈，所谓"军国大计，罔不总揽。自雍、乾后百八十年，威命所寄，不于内阁而于军机处"。军机处好似涵盖了所有的军事、政治方面的权益。

然而，军机处虽说权倾朝野，但终究不能离开皇帝的指挥。假使军机处是清廷的大脑，控制着整个清朝体系的运转，那么这个大脑里的指挥官便是雍正。

军机大臣、军机章京都是军机处的设置。军机大臣与军机章京的区别在于军机大臣高于军机章京，负责主持，也被称为"大军机"，在皇帝的钦点下方可任命，其中有着满、汉大学士，也有其他部门官员的特别参与，所有成员都不是专职于此。军机大臣没有限定门槛，只要皇帝允许，均能进入，人数曾最多达到十一人，最少仅有三人。

军机章京则是专门人员依据次序轮班。军机章京满、汉二族均为十六人，各为一班，被称为"头班"和"二班"；每班里有一人专事领班，被称为"达拉密"；另设有一人的"帮领班"，几乎相等于副班长，被叫作"帮达"。

每日章京们按照"班务"工作，"值班"是每人必须遵守的职务。正常时，"值班"大概从早八时至午间三点，也有早、晚班之分，时长总达七小时。满、汉两班各守其职，按照次序轮班。

在一般状况下，早班在凌晨四点至七点，每班共值守两日，由于上早朝的原因，这段时间事务最多也最烦琐，因为奏折必须提前呈递上去。

夜班用现在的话来讲便是加班的意思，所有公务规定不准在外完成，今日事必须今日毕，于是值夜班变成了白日工作的延续。

军机值房也就是军机大臣们办公的地点，在那里军队左右看视，闲杂人等是难以接近的。办公处的门道简陋且隐蔽，内部设施除了桌椅、炕头及文墨等物，几乎没有多余的摆设，室内最醒目的莫过于雍正帝所题"一团和气"的匾额，还有一块"喜报红旌"的匾额由咸丰帝题写，被挂于东墙。军机处的正面便是军机章京的值守房间。

为了谨慎行事，以防机密走漏风声，军机处的底层听差均由不认字的年弱儿童担任，他们只负责端茶倒水、打扫内务等事宜。

传闻，慈禧太后曾召刚担任两江总督的张之洞在军机处议事，张之洞行至值防门门口时却怎么也不迈上那层台阶。其他相约赴会的大臣们见到如此情景都十分纳罕，便走出门外围着他一起商讨事宜。之后才有人明白过来，因为雍正帝曾下死命"军机要地，有上台阶者处斩。"张之洞虽说受到了邀请，但自认不是军机大臣，故而不敢轻易踏上台阶。从中可知，军机处规矩的严谨与不可侵犯性。

军机处除了是宫廷的大脑之外，他还是皇帝的随行团，任何时候、任何事情都要随着皇帝的计划走，无论出游、打猎都要一路同行。所以，就出现了"园班""围班"等制度，分别指代着驻圆明园的班，以及在行猎时的班。另外，在颐和园、圆明园甚至避暑山庄内，都设置了军机处的分支，被称作"值庐"。

在外人看来，军机处神秘莫测、不可接近，事实上军机处也确实是整个王朝君主专权的象征。康熙时期，南书房是由皇帝严密控制的一个核心机要机构，随时承旨出诏行令，这就使南书房"权势日崇"。而到雍正帝时期，尤其在后期，所有军政大权都握在军机处手中，可以说是无所不能、无事不包。南书房渐渐退居一旁，官员们也大多回归自己岗位。随着南书房地位的下沉，军机处的位置自然提升。

南书房成为专门的文学侍从机构后，仍保存了很长一段时间，最后在光绪二十四年（1898）被撤销。

局势分析

朱元璋建立明朝之前，宰相制已沿用了千年，六部也被统辖在内，是皇权总管名副其实的代表。假使君主不昏庸无能，且可以让宰相为我所用，那么宰相就只是皇权的替代人，而不会凌驾于皇帝之上。

然而，历史上皇帝与宰相间争权夺利之事也时有发生。明朝初期，宰相胡惟庸图谋逆反，遭到罢黜，自此宰相制也被永久地废止。六部的权限也随之提高，归皇帝直接管辖。

清朝初期，明制仍存留的同时，内三院才被建立，其中的大学士被改称为殿阁大学士。在康熙元年，大学士在辅政大臣出现后形同摆设。

在康熙扳倒鳌拜，撤销辅政大臣后，大学士的地位似乎有所提升。然而事实上，在康熙时期，大学士的地位仍旧没有改变。此时，南书房开始拥有实权，负责呈批皇帝的旨意，还答复诏书。

雍正初期设有议政处，处内有大学士尚书等，后期的军机处便是在其基础上所设。军机处的地点一定在寝宫附近，不能够遥远如内阁般设于太和门外。根据记载，值房最早是在乾清门外西侧，后来才迁至门内，紧靠南书房，之后又挪移至隆宗门西侧。

不管是在何处建立，都必须在寝宫附近，如此才能和皇帝保持密切联系。军机处设备的简陋也不能改变它的重要地位，虽说房舍很不讲究，但众多决策皆出自那里。

说点局外事

清朝中央权力的集中并非在一开始便达到了顶峰，在军机处被建立以前，南书房的地位高不可攀。康熙帝掌权后，皇帝的权力还是有所限制的，国家要事也都要议政王审批后方能通过，并且满族王爵仗着权高位重，常常与皇帝一争高下，皇帝也不得不迁就他们。

除此之外，内阁也有着一定的责任，由于形势所迫，康熙帝采取了加固君权的手法，那就是设立南书房。

建成于1677年的南书房，最初是翰林院士们与康熙帝共话文学、赏吟诗画之处所，因位置在乾清宫西南角，遂被称作南书房。众多才华横溢，德才兼备的人每日在那里出入。

从表面看来，康熙帝建立南书房只不过是为了讲文弄经、修纂书籍或舞文弄墨等。然而其真实情况是南书房的功能还在于帮助皇帝打理政务，也就是承担着一定的政治使命，还要在特殊时刻担任密诏的编写。所以，南书房就是当时康熙帝的军机处，政策的裁定中心，同时也是君权加固的体现。

在南书房建成后，议政王的部分权力被削减，内阁的职能也得到了适当的转移，令君权得以有效集中。

征讨罗卜藏丹津

清朝与边疆少数民族间的纷争从未停歇，例如新疆、青海、西藏等地历经了清廷繁盛期的几个朝代，在康熙帝时期就屡次再犯，后来暂时被平定的部落，到了雍正时期卷土重来，开始了新一轮的侵扰。

雍正元年（1723），在罗卜藏丹津的带领下，青海蒙古部落再度举起反清的旗帜。

和硕特部与准噶尔部都是厄鲁特蒙古四个部落之一，罗卜藏丹津属于和硕特部，他的祖先常年在乌鲁木齐天山游牧。罗卜藏丹津的爷爷是和硕特部固始汗，而他的祖父则曾被康熙帝封为"和硕亲王"。

罗卜藏丹津继承了祖先的爵位，也沿袭了他们的雄心壮志，在青海时就早早地树立了权威，是当地的贵族。罗卜藏丹津掌权初期，以统领全蒙古为目标，开始了征讨青海、西藏等地的征途。

没过多久，青海、西藏发生内讧，准噶尔部首领阿拉布坦趁机介入，致使西藏政府更为动摇，就在此时和硕特部首领拉藏汗被害，阿拉坦布掌控了当时的西藏。康熙在公元1718年命令十四子胤禵担任抚远大将军，挥军西讨，大部队进藏后叛乱终被平定。

罗卜藏丹津和清军并肩作战，建立了些微战功。康熙五十九年（1720），清军彻底战胜准噶尔部落，西藏因而重回清廷政府。

叛乱结束后，西藏的和硕特部统治早已瓦解，清廷便准备直接领导西藏政务，同噶伦合作统领西藏，就在此次政策安排中，罗卜藏丹津得以继任拉藏汗之位，而他想要占领西藏的计谋也就此破灭。

罗卜藏丹津因而心生怨恨，此后还在各类事务上受到清廷的压制，想要反清的念头愈加强烈。本就不安分的罗卜藏丹津向天起誓，决定为心中的"霸业"努力，叛乱一事指日可待。

清廷对罗卜藏丹津的所作所为并非毫无知觉，在罗卜藏丹津图谋不轨的时候，清廷就已经将目光投向了他。也正因此，清廷果断用起"众建而分其势"的政策，并开始分解藏区势力，青海和硕特部首领相继收到清廷赏赐。另外，清廷同罗卜藏丹津和察罕丹津为青海的统治出谋划策。如此这般，罗卜藏丹津渐渐被推挤至一旁，西藏"霸业"再度搁浅，总领青海的职位也归还给了清廷。

尽管难以改变现实，但罗卜藏丹津的野心却是坚定不移，很快罗卜藏丹津就踏上了反清割据的路途。

雍正元年（1723）八月，罗卜藏丹津趁清廷政权交替，雍正帝尚未熟悉朝政，而掌握军权的胤禵又尚且在奔丧途中，因而公开在青海发起了叛乱。卸下清廷臣子的名号后，罗卜藏丹津组织青海各蒙古部落在察罕托罗海歃血为盟，并自尊为"达赖浑台吉"，还叫各部落的王、贝勒、贝子、公自动去除称号，并以武力相要挟各台吉，昔日的固始汗蒙古旧号被重新启用。

在反清叛乱日益加剧时，凡有不愿配合的蒙古部族，罗卜藏丹津都带队征服了。叛军的进攻是疯狂的，那些实力弱小的蒙古王公均不能抵挡，先后被罗卜藏丹津征服。

青海地区曾大肆流行喇嘛教（又称黄教），寺庙随之也在各地建成，喇嘛随处可见，当中特别以塔尔寺和郭隆寺著名。罗卜藏丹津为臣服当地群众，命令塔尔寺大喇嘛带众归附，而郭隆寺的章嘉三世也参与了罗卜藏丹津的组织。

不仅如此，青海众多寺院的僧徒都加入了罗卜藏丹津的叛乱。他们手持兵器，率众人前往战斗前线。罗卜藏丹津叛军同这群僧众出击清军，火势蔓延到城堡，人民的草谷被烧毁殆尽，牲畜财物均被掠夺一空。

罗卜藏丹津发动叛乱后，雍正帝在当年十月派遣年羹尧率军平叛西宁驻军，后命岳钟琪（原四川提督）任奋威将军，从内蒙古、甘肃、四川、陕西等地聚集军队向青海进发，为年羹尧增添救援。

年羹尧在青海镇定指挥，部署军队在永昌隆吉河两岸守备，以防备敌军的突袭。之后将士兵驻守在巴塘、里塘、黄胜关各地，以杜绝敌军自后方入侵的机会。罗卜藏丹津与准噶尔部策妄阿喇布坦皆为联盟，准备入侵吐鲁番与嘎斯泊，被清廷发现后派遣福宁安率兵进攻。罗卜藏丹津被清军所包围，顿时陷入困局。

十二月末，岳钟琪率军赶赴西宁，他一边向周围的判敌发起激烈进攻，一边利用外交手段进行招降，最终各个击破了叛军的据点。

清军以势如破竹的阵势扫荡了镇海、申中等地，将其收入囊中。罗卜藏丹津带遂带领残部逃向西北。岳钟琪继续扫荡，率三千人的部队入侵郭隆寺，当地数万名僧众集体抵抗，战争激烈异常。

清军亦不甘示弱，斩杀了约数千名僧众，章嘉三世趁势逃窜，终被清军俘虏，押至京城。雍正帝怜他年弱，网开一面，赦免了他。

罗卜藏丹津逃至千里之外的柴达木河附近。雍正二年（1724）二月八日，清军兵分三路出征。岳钟琪在西宁聚集军队从南路向西出发，途中遇到叛军便顺势剿灭，很快他们便悄无声息地抵达柴达木河流域。

在抵达河流上游两天后，清军得知敌军驻扎在乌兰穆和尔，便连夜启程前行，岳钟琪的部队已为击溃敌军而做好了准备。

面对清军的突袭，罗卜藏丹津部队显得束手无措，人马乱成一团，慌乱不已。清军兵分四路从四面向敌军大本营攻入，罗卜藏丹津手下为保命早已四散而去。罗卜藏丹津见难以挽回，便装扮为乡间农妇，再度逃奔而去。

此次战斗彻底击溃了罗卜藏丹津的势力。究其原因，主要有两个方面：一方面由于年羹尧、岳钟琪指挥英明，清军将士亦作战神勇；另一原因是罗卜藏丹津的叛乱与当时民众渴望统一的期望相违逆，因而最终导致失败。

清廷在罗卜藏丹津叛乱结束后，在青海实行了一系列的政策改革，具体措施如下：

第一，内蒙古的盟旗制被应用至青海区域，共分为二十九旗，还有会盟和朝贡制度等均被建成。

第二，大力促进青海经济的发展，并对当地寺庙进行整顿，扫清了当时参与叛乱的喇嘛，当地的寺院被设定了严格的喇嘛人数，房屋规模也必须依据规定建造。

中央政府还会择期检查，如此高度严谨的重视，是清廷以防后患的方式。在此之外，清廷驻西宁办事处正式成立，并派遣大臣负责当地所有事宜。雍正五年（1727），西藏再度发生暴乱，清军不得不再次出兵征讨，藏区前后也派遣了大臣坚守职权。西藏地区重又回归清廷的统治。

罗卜藏丹津在雍正元年的叛乱，让青海民众饱受苦难的同时，还为青海带来了众多政治、经济上的影响。清廷以最快速度平复了罗卜藏丹津叛乱，和硕特蒙古部落占据西藏、青海的局面终于结束，清朝政府在青海建立了直接统治的部门。这次的部门设置为青海政权的稳定，以及整个国家的统一都赋予了极大的意义。

局势分析

罗卜藏丹津抗清失败后，无奈向准噶尔逃去，清廷向准噶尔屡次要求交出罗卜藏丹津，但是每次都被拒绝。雍正五年（1727），准噶尔汗位更替，策妄阿拉布坦之子噶尔丹策零继任皇位，并派遣使臣与清廷合议。

准噶尔一边收留罗卜藏丹津，一边准备军火，打算伺机而动。雍正为剿灭准噶尔余孽，也为边防久远之计，开始大军征伐准噶尔。

而此时的雍正，已然与初即位时大不相同。政治革命的成功，以及改革的顺利进行，使得国内财富激增，军资充备，解决准噶尔问题显得易如反掌。

为了顺利征讨边疆，五年前雍正就已开始准备事宜，还让河南、山东、山西各省派兵增援，并要求他们必须会放鸟枪，但不用擅长骑射，驾车开垦也均可参与。

向西北出兵，路途遥远，大量物资的运输成了问题。雍正因此派河南总督田文镜购入骡马三千匹，并在雍正六年（1728）二月交付岳钟琪在西安的驻地。准噶尔地区都是马背上的民族，尤为擅长骑射，也不易被锁定为目标。

清廷多次与其作战，而军需也是个大问题，驮马的运输付出的价值过大。岳钟琪在此时提出进行车战，从而减轻负担，雍正立即采用这一提案，并积极准备战车，还选用了满洲护军作为车骑营士兵加以培训。豫、鲁、晋三省被聚集的军士们，即是为了车战而被征用，而车战的运用也在清军征讨准噶尔的过程中起到了非常重要的作用。

说点局外事

雍正元年的这场叛乱终于告一段落，但这样的稳定局面并没有持续多久，雍正五年（1727），策妄阿拉布坦去世，其子噶尔丹策零继位。噶尔丹策零成

为准噶尔部首领后，便派使者到京城上奏雍正帝要求入藏熬茶。雍正帝考虑到当时西藏地区的政局尚不稳定，便拒绝了他的请求，并要求噶尔丹策零交出叛党罗卜藏丹津，噶尔丹策零却迟迟不见动静。

此外，噶尔丹策零还暗中与沙俄勾结，蓄谋发动叛乱，并多次侵占周边各部落，西北地区的安宁被严重破坏。雍正帝认为，噶尔丹策零这股势力若不尽早消灭，保不定以后会成为蒙古之隐患，于是，雍正帝决定出兵征讨噶尔丹策零。

雍正七年（1729）六月，雍正封岳钟琪为宁远大将军，担任这次战役的主帅，军队兵分两路行进，西路为用兵主力，由岳钟琪亲自带领进驻新疆巴里坤，北路由靖边大将军傅尔丹统帅，进驻科布多。

正当大军进军准噶尔部之际，突然有准噶尔部使者找到岳钟琪称罗卜藏丹津叛乱失败后逃到准噶尔部，隐匿在噶尔丹策零帐下。他后来企图杀害噶尔丹策零，失败被捕。噶尔丹策零正派人将他送往清廷，刚走到半路，听说清军准备进攻准噶尔部，就又把他送回伊犁了。

听到使者的这一番陈述，岳钟琪觉得可疑，但他不好随便做决定，便将这一消息上报给雍正帝，雍正帝也是半信半疑，命人将准噶尔部使者送回京城，亲自询问，大军暂缓前行，并召傅尔丹、岳钟琪回京商议对策。

岳钟琪回京后，军队暂时交由四川提督纪成斌负责，纪成斌派满洲人驻防副参领查廪放牧军马，谁知查廪生性懦弱，每日只会饮酒作乐。噶尔丹策零趁机率两万将士抢走了几十万头驼马牲畜，纪成斌听说后大怒，命人将查廪绑起来，准备斩首示众。

正好这时岳钟琪赶回军营，见此情景大惊，他和纪成斌都是汉人，怎么敢将满官处死？岳钟琪只好走到查廪跟前，亲自为他松绑。

事实证明，遣送罗卜藏丹津只是噶尔丹策零的诡计，他只是想延缓清军进攻的步伐，结果清军果然中计。雍正九年（1731），经过充分准备后的噶尔丹策零派大策凌敦多布率兵三万进攻傅尔丹带领的北路军。他派间谍到傅尔丹处谎称敌军数量不多，傅尔丹有勇无谋，信以为真，只身率领了一万人就去应战，副都统定寿等人纷纷劝他三思，说这可能是敌军的诡计，但傅尔丹刚愎自用，听不进意见，执意前往。

六月，傅尔丹率领的一万人和噶尔丹策零率领的两万军队在和通泊大战，傅尔丹惨败，副将军巴赛、查弼纳被敌军杀死，傅尔丹最后只带了两千多人逃回了科布多。

雍正十年（1732）正月，噶尔丹策零率兵袭击岳钟琪带领的西路清军主力，岳钟琪一边派曹勷、纪成斌迎击，一边派石云倬率军截断噶尔丹策零后路，但曹勷不幸败敌，石云倬率军到达无克克岭后，中间耽搁了一日才去梯子泉，致使噶尔丹策零逃脱。

战报传到朝廷后，大学士鄂尔泰谴责岳钟琪，说他带兵数万却让自投罗网的敌人逃脱，既不能料敌于前，又不能歼敌于后。雍正帝对此也很是气愤，下令将岳钟琪囚禁，纪成斌、曹勷斩于军前。

就这样，雍正帝征讨准噶尔部的战役以失败而告终。后来雍正帝又派额驸策凌率军去攻打噶尔丹策零，这才重创准噶尔军队，但此时雍正年事已高，再也无力解决准噶尔问题，就把这一重任留给了乾隆帝。

乾隆身世谜团

爱新觉罗·弘历是雍正的第四个儿子，他是大清王朝入关后的第四代君王，年号乾隆，所以被人们称为乾隆帝。

乾隆自小天资聪颖，深受康熙帝的喜爱，为培养他成才成杰，康熙帝聘请良师，对他进行了全面的培养。有些史学家甚至猜测说，康熙帝是因为乾隆才立雍正为帝的，乾隆的为人处事和康熙帝十分相似，所以康熙才将皇位传给了雍正。

雍正元年（1723）八月，雍正就以"秘密立储"的方式确立乾隆为皇位继承人。乾隆留给世人的印象可以说是顺风顺水，他没有像父亲雍正那样经过明争暗斗，早早就被内定成未来的接班人，也没有像祖父康熙那样，小小年纪就要应付庞杂的朝政。

乾隆接手的江山好似刚升起的太阳，生机勃勃且有着辉煌的前景，所以人们常说乾隆是最有福气的皇帝，但关于这位帝王身世的谜团却层出不穷，直到今天都没有解开。

清王朝一共有十二位皇帝，其中只有两位的出生地点不明，一位是清太祖努尔哈赤，另一个就是乾隆了。努尔哈赤出生时并不是什么显赫人物，再加上那时满文还没有创制，所以没有文字记载。但乾隆就不一样了，乾隆于康熙五十年（1711）八月十三日出生，但对他的出生地点史书并没有明确记载，这引起了人们无限的猜想和怀疑。

目前，关于乾隆的出生地有两种说法：

一种是雍和宫，乾隆自己也承认这种说法。雍和宫在雍正登基前原是他的雍亲王府。乾隆即位后，改成雍和宫，并将雍正的画像供奉在雍和宫内的神御殿里，派喇嘛每天在此诵经。

在乾隆的好多诗中，他都曾间接表明自己生在雍和宫。例如，他在《新正诣雍和宫礼佛即景志感》中，就写道"到斯每忆我生初"，这说明，乾隆自己也认定他出生于雍和宫。

另一种说法是避暑山庄。《扈跸秋狝纪事三十四首》一诗中提到乾隆的出生地"庆善祥开华渚虹，降生犹忆旧时宫。年年讳日行香去，狮子园边感圣衷"。朝臣管世铭在诗的后面加了个注释"狮子园为皇上降生之地，常于宪庙忌辰临驻"。

雍亲王带家眷去避暑山庄一般都会住在狮子园，这里明确指出，乾隆出生在狮子园，每逢雍正的忌日，他常常会来这里居住一段时间。

除了乾隆皇帝的出生地有疑点之外，史书上对乾隆生母的记载也存在很多疑点，清朝官书的记载说乾隆生母是孝圣宪皇后钮祜禄氏，但在某些私人笔记和野史中，关于乾隆生母却有很多种说法。

第一种说法认为乾隆并不是雍正的儿子，他实际上是个汉人，生父是大学士陈世倌，生母则是陈世倌夫人，这种说法在民间流传的最为广泛。

陈世倌是浙江海宁人，康熙年间入朝为官，雍正时被封为大学士。在雍正还是皇子时，就与陈世倌来往亲密。据说，在他的老宅里，至今还存有一块雍正亲自题写的"九龙匾"。乾隆六下江南，其中有四次都住在陈世倌家里，所以民间也就有了乾隆是陈世倌之子的传言。

第二种说法是研究晚清的学者王闿运提出的，他认为乾隆的生母就是钮祜禄氏，且与避暑山庄有关系。在《湘绮楼文集》中，他提到乾隆的亲生母亲"十三岁时入京师，值中外姐妹当选入宫。……孝圣容体端颀中选，分皇子邸，得在雍府。"

后来钮祜禄氏生下了皇子，就是乾隆，这一说法颇具传奇色彩，但需要注意的是，清朝的选秀制度是非常严格的，入选的一般都是满清贵族，一个身份不明的女子是无法混进戒备森严的皇宫内院的，因此，这一说法也是靠不住的。

第三种说法认为乾隆的生母很可能是一名宫女。冒鹤亭是近代的作家、学者，他曾是热河都统的幕僚，他提出"乾隆帝的生母是热河汉人宫女李佳氏，因受雍正帝临幸，而在草棚产下皇子。"

上面的传闻虽说流传性很广，但可靠性并不高。康熙帝对待皇子们的血统向来重视，依照他的个性，在得知乾隆身世的时候，是不可能如此重视他的。

《清代外史》中有记载说，乾隆知道自己是汉人，所以在宫中他常常穿着汉族服装，并询问身边太监自己看起来是否像汉人。乾隆确实是常穿汉服，故宫中保存的乾隆画像，穿汉族的有很多，这可能也是引起传言的原因，但如果仅仅是因为乾隆喜欢穿汉族服装就说他是汉族出身，这未免有点太荒谬了。

实际上，清廷有制度规定，皇室生育每三个月要上报一次，出生时间和生母都要写清楚。清朝有《玉牒》一书，《玉牒》指的是封建王朝中皇室的族谱。内务府每隔十年都要根据皇族出生和死亡记录的底稿来填写《玉牒》。

其实，在现存的清朝《玉牒》底稿上，十分清楚的记载着雍正皇帝的第四位皇子乾隆，出生于康熙五十年辛卯八月十三日，由孝圣宪皇后钮祜禄氏生于雍和宫。另外，乾隆帝生母究竟是满族人钮祜禄氏还是汉族人钱氏也是一大疑问，也有人怀疑说两人实际上是一人。

清宫档案《雍正朝汉文谕旨汇编》雍正元年（1723）二月十四日记载："雍正元年二月十四日奉上谕，尊太后圣母谕旨，侧福晋年氏封为贵妃，侧福晋李氏封为齐妃，格格钱氏封为熹妃，格格宋氏封为裕嫔，格格耿氏封为懋嫔。该部知道。"

但一样的事情，在《清世宗宪皇帝实录》雍正元年（1723）二月甲子

（十四日）却记载："谕礼部，奉皇太后圣母懿旨：侧妃年氏，封为贵妃；侧妃李氏，封为齐妃；格格钮祜禄氏，封为熹妃；格格宋氏，封为懋嫔；格格耿氏，封为裕嫔。尔部察例具奏。"

从上述两份记载中，我们发现一个问题，即熹妃出现了不同的姓名，她们都是在同一天接受皇太后封赏的，所以，熹妃不可能是两个人。

也有猜测说，雍正元年（1723）八月十七日，雍正帝将弘历定为皇太子，而他的母亲总要有一个高贵的出身，所以将汉族人熹妃钱氏改为满姓钮祜禄氏，这样说也并不无可。

虽然，在没有找到更加确凿的证据去证明之前，我们只能暂时相信《清实录》和《玉牒》的记载，但围绕在乾隆帝身世问题上的谜团依然扑朔迷离，这些历史疑案也只有留待后人解答了。

局势分析

或许对于普通民众来说出身地点在哪儿根本无需研究，或许可以作为纪念场地，仅此而已。不过，对于皇室而言，出生地点却至关重要，且有专门的记录人记录皇子们降生的宫殿。这是因为出生地点往往决定着皇子的亲生母亲是谁，如若将出生地点混淆，则极有可能在后来混淆其生母，以致确立皇太后等事宜显得难上加难。

总的来说，这一切谜团的诞生都是因为封建专制性的根源而起，如若没有一人统领天下的制度，那么皇帝就不用选择继承人，不用选择继承人就不用关注其生母是谁，更不用在乎其出生的那几间宫殿叫什么名字了。

然而，在我国运行了上千年的封建专制制度，给华夏民族留下的不仅仅是一座座宫殿，更是一种深刻的思维模式，人们在专制社会中所依循的思维方式，影响着他们的生活和心理，并在一代代中绵延着、传递着。

也正是因为此类心理因素，普通大众对宫廷里的内部生活十分好奇，人们在探询疑点的同时，好似窥探到了惊天大秘密似的，以致连皇帝的出生地点也成为茶余饭后消遣用的"谈资"。

说点局外事

在金庸先生的小说《书剑恩仇录》里也有关于乾隆"身世"一说：

据说，雍亲王福晋生产的那天，正好陈世倌的夫人也生了个儿子，雍正对陈世倌说想看看他的孩子，陈世倌没多想，就把孩子送到雍亲王府了，可抱出来的时候却发现孩子被调包了，男孩变成了女孩。陈世倌知道是四王爷做的，但这事关乎全家性命，弄不好全家都会掉脑袋，因此，他没有声张，这事就这样被掩盖了下去。

男孩长大后聪明伶俐，也就是后来的乾隆皇帝，他下江南是为了去看望亲生父母，所以才会居住在陈世倌家里。

其实，乾隆是绝不可能会有这样的出身的。

首先，在当时雍正已经有一个年满八岁的儿子，还有一个福晋即将待产。试想，在已经有了一个阿哥的情况下，又怎么会拿自己的女儿和人调包呢？这个人还是朝廷的大臣，更何况雍正当时正值壮年。

其次，太子当时还没有被废，雍正还不知道自己将来能当上皇帝，因此对后代继承人也不会如此急迫。

最后，皇族向来重视血统，就算雍正想要一个阿哥，不方便在自己的兄弟中过继，也会在满族中找一个，不可能会要一个汉族的孩子，还让他成为大清的皇帝，这完全不合逻辑。

至于乾隆下江南时住在陈世倌家里，也不是为了看望父母，乾隆下江南一是为了游玩的目，二是意图巡查河道。

浙江海宁只是一个小地方，陈世倌家在当时有能力修建行宫，所以乾隆才会住在陈家。

据载，乾隆在陈家住的地方是一处别院，相当于现在的别墅，平时无人居住，而且离陈家人住的地方不算近。况且，乾隆在此居住期间并没有传唤过陈家人，所以，也就没有"探望亲生父母"的说法了。可见乾隆是陈世倌之子的说法简直是无稽之谈。

平定准噶尔战乱

乾隆二十年（1755），边疆伊犁遭到准噶尔部军队的攻袭，在此前阿睦尔撒纳已然叛变。而驻扎在当地的清兵人数不多，即使誓死顽抗，仍然不能抵挡敌军猛烈的火势。最后清兵将领无奈自戕，伊犁落入阿睦尔撒纳手中。

乾隆帝听闻阿睦尔撒纳公然反叛，伊犁又不幸陷落，登时震怒不已，即刻命令出兵讨伐，剿清叛乱余孽，派遣策楞为大将军，以玉保、达尔党阿为参赞进行辅佐。

清兵在行进途中突然有几位叛军出现，声称要归降于清廷。他们说阿睦尔撒纳早已被手下人捉住，很快清廷就能目睹他的骨骸。清军的两位将领也不管是否有诈，便即可要求全军停止前进。

谁也没有料到敌军早已溜得不见踪影，唯有沙漠的回音在不断涤荡着天空。这时策楞才发觉中计了，遂连忙要求军队整军启程。策楞下令必须以尽快速度追赶敌军，万万不可让他们逃遁而去。这边策楞的军队刚刚启程，而阿睦尔撒纳带领士兵就早已逃至哈萨克了。

乾隆帝得知因将领的失策导致战事失败的消息时，龙颜大怒，即刻革除了两位大将的职位，还让达尔党阿担任将领，兆惠任副将辅佐达尔党阿。这次乾隆的选将，也并不是正确的，因为达尔党阿也并非果断坚毅的将领，也和上届大将一样缺乏战事经验。

在叛军与达尔党阿首度交锋时，达尔党阿因疏忽导致阿睦尔撒纳趁势乔装逃走。悔恨不已的达尔党阿继续追逐，途中他也遇见了哈萨克使臣，来者称哈萨克在途中抓获了逃亡中的阿睦尔撒纳，正要等待交给清廷来使。

达尔党阿听后无比兴奋且激动，连忙要兵士前去哈萨克部落，而自己则带兵驻扎在当地等待。

不过，这次清廷又陷入了圈套，达尔党阿几度派兵前去都是杳无音信，等明白过来后结果早就难以挽回。阿睦尔撒纳已抵达伊犁，还顺带剿灭了与其对战的策楞、玉保，并开始聚集军队欲对清朝发起总攻。

清军的接连陷计使得叛军士气高涨，其他如厄鲁特部、辉特部、喀尔喀部等弱小的部落也放弃了归降的计划，反倒向敌军投向了橄榄枝。西北危机日益加深，而乾隆帝更是焦急万分，他只好先将达尔党阿治罪，以解除军心不定的状况，随即提拔副将兆惠担任总将。

早就在达尔党阿主掌大权时期，兆惠就以才干突出而闻名，事实上他也确实富有作战的能力。他在伊犁曾仅靠一千五百名将士的跟随冲出敌阵，在返归途中纵使有千军万马的阻拦，也未能将他困住，反倒激发了他的潜能，随后兆惠共斩除敌人数千名。

等残兵部队抵达乌鲁木齐，清军早已所剩无几，军资物品又严重缺乏，使得兆惠不得不想出一计，派精兵突出包围圈，去向政府求援。

但山高路远，清廷的援军还未等到，敌军的包围却不断逼近。兆惠不得不向战士们宣告道："想是支援再难等到了，不过我们绝不能在此坐以待毙。将领们，如果你们还有力量，就随我冲出敌阵，向敌军发起最后的进攻。如若不幸遇难，也算完成了一桩心愿。"

将士们士气大涨，随即宣布誓死跟随兆惠。士兵个个都显示出极大的战斗力，对敌军发起了最后的攻击。

在兆惠的带领下，这批敢死队鏖战了数十日，但终究因为实力贫乏，不得不宣告失败。当时正值隆冬季节，为了填补饥饿，将领们杀光了所有运输用的马驼，从而只能以步行代替驼队，又兼天不遂人愿，大雪将道路堵绝，士兵们有路却走不得，只好在营帐内默默坚守。

正当全军将在这荒郊野岭冻死时，当地的将领雅尔哈闻讯派来两千士兵前来救援，加上兆惠部队的些许兵马，两队合力击溃了叛贼，最终保全了大局。

眼见兆惠的名声日复一日地增长，乾隆帝也更加器重他，便挑了西北战事的统帅一职交付于他，命令他这次彻底剿灭叛乱分子。兆惠接受了皇帝任命后，从上届统帅们的身上吸取了经验，还特地精挑细选了一批兵士，整顿士气，备好了军资，信心满满的踏上了出征的旅途。

就在大雪突围战后，叛军遭受了前所未有的重创，而内讧又随即发生。阿睦尔撒纳的军队人心涣散，各部落中又兴起了天花疾病，不治而死之人不可计数。在阿睦尔撒纳统治下勉强依附的百姓们在这种情况下也都四散而去，他们都渴望着清军前去统治。

兆惠的胜利是必然的结果，士兵们出兵就获得了一连串的胜利，可谓所向披靡，战无不胜。叛军各部被各个击破，首领们也都战死了，而大头领阿睦尔撒纳又侥幸逃脱，后来在俄罗斯境内安生。

在乾隆二十二年（1757），清廷多次派使臣前往俄罗斯，最后俄罗斯政府将患病死去的阿睦尔撒纳遗体移交给了清廷。

阿睦尔撒纳的叛乱结束后，并不代表准噶尔部便从此风平浪静，厄鲁特部仍在兴风作浪。在随后的三年里，兆惠派大军平定厄鲁特区域内的叛军，并全部剿灭完毕。从此，侵扰清廷边疆的准噶尔部势力变得无声无息，再无祸乱的产生。

乾隆帝在祖父、父亲的失败中汲取经验，加紧了在准噶尔部的驻防力量，并改进了当地的行政制度，分割区域也被重新划定，并修建了府邸，城池也被重修，天山北路自此显现出和谐安康的光景。

局势分析

准噶尔部落曾在康熙帝时期便叛乱过一次，在那之后的数十年间均没有出现变动，但准噶尔部落的叛乱余孽并未销声匿迹，在乾隆年间，他们又再度卷土重来，勾结其余叛乱势力，在沙俄的支持下，与西藏结为联盟，谋划着发动一场声势浩大的暴乱运动。

乾隆十四年（1749），首领噶尔丹策零逝世后，准噶尔部内部纷争不断，对政权的争夺从未停歇，其中，达瓦齐与阿睦尔撒纳间的争斗最为激烈，后来阿睦尔撒纳落荒而逃。

清廷收留了逃亡中的阿睦尔撒纳，并协助他征讨了达瓦齐军队。乾隆帝相信这是稳定准噶尔部势力的绝好机会，于是派遣兆惠率兵征战西北，结果大败达瓦齐部队，阿睦尔撒纳夺回了统领准噶尔部的权利。

阿睦尔撒纳却并不只是想对清廷称臣，他的心愿更为广大，投靠清廷只不过是一时的无奈之举，是为了获得清军势力的救援不得不屈身而已。

乾隆帝在收留阿睦尔撒纳的同时，未尝没有考虑过这一点，所以曾屡次告诫兆惠务必多加防范，还要兆惠在阿睦尔撒纳的领地驻扎下来。

此外，乾隆帝还借用了西汉朝的"众建诸侯而少其力"的策略，稳固了政局，平息了叛乱，阿睦尔撒纳等贵族还被清廷加官晋爵，使得他们形成了相对的制衡状态。

最后的结局并非阿睦尔撒纳所期待的，他仍然沿用了祖先留下的经验，走上了勾结沙俄的道路，并逐步向外求援。他向彼得堡派遣使臣，还要沙俄封他汗位，从而逐步与清廷疏离，变得与外国愈加亲密。

说点局外事

乾隆帝征讨达瓦齐完毕后，伊犁也随即收归清廷所有，之后大小和卓又爆发了暴乱，博洛尼都与霍集占兄弟二人共同在新疆南路举起反清旗帜。

霍集占怂恿兄长博洛尼都对清廷副都统阿敏道下了毒手，乾隆二十二年（1757），南疆乱象横生，大小和卓欲独立新疆。

乾隆二十三年（1758），清廷封任雅尔哈善为靖逆将军，派大批人马和少部分的维吾尔族士兵的增援，约万余人马向吐鲁番发起了总攻。乾隆二十四年（1759），清廷兵分两路，兆惠的军队势如破竹夺取了喀什，而另一军队相继攻陷叶尔羌、和阗（今和田）等重镇，形势一片大好。

清廷的浩然势力，让大小和卓不得不将城镇放置不管，只顾夺路西逃，部将们全部降服于清廷。霍集占与博洛尼都二人径直潜入巴达克山中，将当地首领杀害后，又将其尸首献给了清廷。自此大小和卓叛乱也终告平息。

在天山南北相继被平定后，清廷加紧了对新疆的管制，采取相应措施应对。乾隆二十七年（1762），清廷的伊犁将军正式设立，"总统新疆南北两路事务"，新疆南北皆归入他的管辖内。

随后新疆北路又加设了乌鲁木齐都统和塔尔巴哈台参赞大臣，乌鲁木齐、巴里坤、吐鲁番、塔城各处军政都在管辖范围内。新疆南路的喀什地区也设有噶尔参赞大臣，叶尔羌、和阗、英吉沙尔、乌什、阿克苏、辟展、哈密等地都被管辖在内。

天山南路依旧保持着维吾尔族原有的伯克制，清廷给予了他们相对的自由，不过参赞大臣依旧要向皇帝呈递大小事宜，所分配的等级高低不同，如

同汉族的官位制度，体现了中央集权的统治的深入。

六巡江南

乾隆帝对山清水秀的江南一直情有独钟，在清廷盛世开启后，国势渐趋强盛，皇帝放肆铺张的资本也愈加厚实，所以派人打造豪华渡轮开启了南巡之旅。《御制南巡记》当中，乾隆总结自己的一生时说："予临御五十年，凡举二大事，一日西师，二日南巡。"可见，对乾隆皇帝来说，下江南是无比重要的事情。

正是由于乾隆六次下江南，致使国库亏空，国家开始衰颓。除了倾慕江南美景之外，乾隆巡游江南还有其他原因。

一是经济因素。随着南北交流越发频繁，江南富甲天下的美名在全国蔓延开来，那里商业兴隆，物产丰盛，是清廷所倚靠的一片沃土。每年有连绵不绝的粮产自江浙一带通过运河逆流北上，为京师提供四季的粮食。

从江南上交的税收几乎是清朝国库赖以维系的重要来源。乾隆帝下江南，也是为了能够督查当地税收，借此稳定这片地域的人心。

二是政治因素。江浙一带在清初受到严重摧残和破坏，相比其他地区，反清情绪也最为激烈。不论是作为南明的根据地，或是儒汉文化浓郁的地域，江浙一向都有与北方格格不入的文化和习俗，为此乾隆想借此机会笼络人心，削弱满、汉民族间的尖锐棱角。

三是水利因素。河网密布的江浙地区每年发生水患的次数众多，由此产生的经济破坏也十分厉害，以致每年修复河工、海塘工程均要消耗不少国库银两，这都是对经济发展影响巨大的因素。

虽说下江南的主要目的是游览名胜，但对乾隆来说，他也希望能够顺带解决上述问题。

乾隆十六年（1751），乾隆帝首次巡游江南。

此次南巡规模隆重，声势浩大，陪同出游的还有其他王公大臣，加上随从、兵卫，人数多达两千余人，所用船只千余艘。可谓舳舻千里，旌旗蔽空，从高空俯视犹如一条彩带自北向南飘去。

因为乾隆想要一睹江南美景的愿望，巡游期间他都会钦点一名画师陪同，将目遇之成色的美景交由画匠描摹下来，待回到京师后，仿建在圆明园或避暑山庄。

乾隆帝下江南所经过的沿途各地大大小小共修建了三十多座行宫。乾隆帝乘坐的御舟，雕梁画栋，外观壮大，被称作"安福舻""翔凤艇"，自京杭大运河一路南下，随从舟船亦制工精良。每到各处，都由各地政府官吏提前备办好所需用品，耗资甚大。即使乾隆帝事先三令五申不得浪费，仍然会有官吏想方设法弄得奢华无比，简直到了无法无天的地步。

抵达江南后，乾隆帝先前往洪泽湖勘察水利工程，了解到此处只有三座大坝，每到夏秋两季，雨水增多，水位上涨，很容易导致洪水泛滥，常常令沿岸百姓苦不堪言。于是乾隆下令在高家堰与蒋家坝间再多修建两座坝，这一提案受到当地人民的热烈欢迎。五座大坝为两岸居民保驾护航，能够及时分担水流过多或流速过快带来的压力，也相对保证了洪泽湖水位上涨时下游和大堤的安全。

在浙江海宁州与仁和县，由于处在江海的融汇处，大潮汐每日都要降临两次。如若浪潮常年拍击堤岸，极有可能会使其崩塌陷落，最后导致江南一带被海水吞没。在乾隆帝第三次抵达海宁后，亲自派遣工匠修筑石塘与堤坝，保证了富庶江南的安全与繁盛。

乾隆帝在巡游途中的作风沿袭了祖父康熙的传统，在各地停歇时，他都会与当地官绅详询地方状况，并亲往名胜古迹追忆古代圣贤，反省重大战事，祭祀为历朝历代帝王所修建的祠庙或陵墓。

到了苏杭，乾隆帝听闻当地才人众多，儒学文化浓厚，鉴于"群黎士庶，踊跃趋近，就瞻恐后，绅士以文字献颂者载道接踵"，就命令内阁人士专门在江南开设考场，拓宽招考人数。沿用此方法，乾隆招募了一大批才识卓越之人，并以此收拢了江南一带的文人墨客。

不仅如此，乾隆帝在所经各州严令县官减轻赋税，对贫瘠地区采取赦免一半税收的政策。而皇帝着重巡游的江宁、苏州、杭州等地及附近诸县则更为幸运，当年所有的地丁银被尽数免除。

返归途中，乾隆帝还不忘祭祀先朝皇帝陵墓，以此向汉族百姓表达善意

与亲近。乾隆帝的第一次南巡，耗时五月有余，总历程长达五千八百里。

自 1751 年第一次南巡结束之后，乾隆帝在 1757 年开启二度巡游，1762 年第三次下江南，1765 年第四次下江南巡游，1780 年第五次巡游时乾隆已年逾古稀，但精神仍然矍铄，在勘察水利工程后，便从水路返回。

公元 1784 年，乾隆开启了最后一次南巡之旅，也就是他的第六次下江南。

乾隆帝巡游江南一事可圈可点，从积极方面来看，乾隆在途中祭祀汉族祖先，广招人才，还减免赋税，为多民族国家的统一稳定奠定了基础，并由此获得汉族同胞的肯定。

在他的六次巡游中，有五次勘察河工状况，四度巡视海塘，给当地百姓的生活添加了一道坚固的保护屏障，也为江南经济的稳固发展增添保障。

从消极层面看，乾隆帝南巡耗资巨大，极尽铺张奢靡之能事，使得国库虚空，相应的百姓负担也随之加大。而各地官员为迎合乾隆需求，压榨人民或实行严苛政策，从中贪污腐败，中饱私囊。这一时期政界抖然掀起一股贪腐之风。

乾隆对六度下江南满怀眷恋的同时，自知无力再启航，便留下"六度南巡止，他年梦寐游"的诗句，表达遗憾追忆的心情。途中的六次巡游，浪费程度逐一胜过前次，虽然有刚正不阿的大臣劝阻乾隆帝，但却遭到了无情的斥责或冷漠的对待。

暮年的乾隆回忆往日下江南的情景，才生出些悔恨之意。据《清史稿·吴熊光传》记载，乾隆曾感叹道："朕在位六十余载，无愧于先祖大帝。唯有六度南巡，劳民伤财，将一桩好事转换成了坏事。"

乾隆帝之后，清廷国势衰微，后代皇帝们再无人效仿南巡之旅。也就在乾隆末期，清朝百余年所建立的基业已大多消耗完毕。

局势分析

江南主要指长江三角洲地区，尤其特指江浙长江以南至钱塘江口，加上扬州一带，江浙两省的核心地区，有时也包含安徽东南部及江西东北部。清代前期与中期最繁华的是江宁府、苏州府和扬州府，还有杭州府。这里古称吴越，是中华文明的重要发源地之一。清朝两省上交的赋银赋粮分别达到全国赋银总数的 20.8% 左右和赋粮总数的 30% 左右，盐课银占全国盐课银总数的 68% 左右，关税占全国税额总数的一半。这里出产的丝绸和茶叶历来是宫廷内外的高档必需品，饮食也被认为是明清两朝宫廷菜系的正宗，国宴仍保留相当比例的扬州苏州菜谱。江浙人文茂盛，是中国文化最发达地区，才子学者之多，数倍数十倍于其他省份。

早在清兵入关时，江南人民就进行大规模的抵抗，江南地区反清情绪异常高涨。从康熙皇帝开始，清朝的统治者就采取了各种方法，如设立博学鸿词科，征调明朝遗民编修明史等，极力笼络前朝尤其是江南地区的文人士大夫。康熙皇帝曾六次南巡，一心想要效仿祖父的乾隆也有过六次南巡，并且前两次和他的祖父康熙一样，以浙江杭州为终点，还登上绍兴会稽山祭禹陵而还，意在炫耀国力、安抚江南民心、视察耗费巨大的钱塘江海塘工程。江苏、浙江是明末遗民活动的中心，反清思想和反清言行一直不断，发生了多起文字狱。没有江苏、浙江这两个省巨大的财政收入和绅衿支持，清朝的统治是很难巩固的。牢固控制住江浙，充分利用江浙的财力人力和物力来发展其"盛世"，这就是乾隆六下江南的根本原因。

乾隆六下江南，尽管一路上废除各种各样的苛捐杂税，降低了人民的负担，也督促了大型基础工程的建设。但从长远来看，还是弊大于利。乾隆帝在位期间，清朝的国力曾达到高峰。当时中国的国民生产总值占了全球的三分之一，国库有七千万两以上的白银储备。然而到了乾隆末年，库存只剩下了二百万两，这正是同乾隆帝的挥霍浪费分不开的。统治者的穷奢极欲造成了吏治的日益败坏，老百姓的负担越来越重。清王朝也开始走上了由盛转衰的下坡路。

说点局外事

京杭运河在我国古代是最为惊人的旷世工程，也同样是现今为止世界上跨度最长的运河。

春秋战国时期，京杭大运河在扬州正式开凿，直到公元 605 年，隋炀帝再度延续这一工程，约有上万名工人参与开凿，经历六年时间才宣告竣工。京杭运河历史悠久，建成至今约两千余年，在修建过程中，许多民众葬身运河，白骨堆满河堤，致使民众怨声载道，苦不堪言。

这条世界上最长的运河，南起浙江杭州，北至北京，途经浙江、江苏、山东、河北、天津和北京等城市。它全长一千七百九十四公里，沟通了海河、黄河、淮河、长江和钱塘江等流域。

两千多年来，京杭运河在我国交通运输中发挥着至关重要的作用，对南北交融、经济发展、社会稳定团结都具有不容忽视的影响力。在当代，这条奔流了上千年的运河依然没有被遗弃，在"北煤南运"和防洪干流中都发挥着效用，它仍然是我国重要的一条流动干线。

2002年，京杭大运河开始接任"南水北调"这一划时代性的工程。

土尔扈特回归

作为明朝瓦剌的后人，土尔扈特部在明末清初时是我国北疆蒙古族部落的其中一支。

早在十七纪初期，由于相邻的准噶尔部实力日渐强盛，土尔扈特部受到威胁，部落全体迁移到了遥远的伏尔加河下游河畔。

然而，随着沙皇俄国的不断入侵，土尔扈特部人再度受到压迫，并被要求归降沙俄。土尔扈特部在沙俄的威逼利诱下，被强迫参加战斗，并戒除佛教信仰，改为信仰东正教，并限定他们只能在规定区域放牧。

在沙俄铁蹄下遭受非人待遇的土尔扈特部盼望着早日回归祖国的怀抱，为了与清廷和蒙古余部取得联络，他们克服了重重困难。

为了能够更好地控制土尔扈特部，削弱掌控一切的汗王的力量，沙俄政府将汗王的下级机构扎尔固提升到和汗王同等的地位。这一做法，令汗王权利得到分散，也对汗王渥巴锡的至高地位带来威胁。

乾隆二十六年（1761），渥巴锡从父亲敦罗布喇什手中继承王位，年仅十九岁的他变成土尔扈特部新一任汗王。

沙俄政府见新任汗王尚且年弱，便希冀着将扎尔固这一部落最高权力机构收入囊中，而且还要对扎尔固实行俸禄制，并派俄政府官员进行直接管理。这一行为导致扎尔固内部人心动荡，土尔扈特的政权被沙俄严重干预，最终被沙俄政府全权接管。

在沙俄统治下的土尔扈特部饱受摧残，部落民众无不哀声怨道，为了脱离残暴的沙俄政府，部落首领渥巴锡决定带领全部进行一场史无前例的迁徙运动。

乾隆三十六年（1771）一月，土尔扈特部的迁徙正式开启，男女老幼纷纷坐上早就预备好的交通工具，例如骆驼、马车等。每组队伍都有专门的保卫负责看管，然后就一列列地出发了。从此，他们踏上回归故土的征途，一路上受到疾病与饥荒的折磨，还要预备精力应付步步紧逼的沙俄军队。

到了同年六月底，土尔扈特部在行走万里，将世间磨难饱尝一遍后，终于站上了家园的故土，而家乡的人们也已在那里，翘首以盼地等待着他们。

对于土尔扈特部不辞万里回归故土，清廷给予了高度的赞赏和肯定，等他们一到来，乾隆皇帝便与部落首领在避暑山庄会见，还派朝廷大臣们前去迎接。终于回到了祖国大家庭温暖的怀抱中，土尔扈特民众自此过上了安居乐业的生活。

土尔扈特部落长途跋涉、千里归乡的感人事迹，体现出部落民族英勇无畏的精神，以及对自由的无限渴望。在十八世纪，这一举动成为民族史上的一项奇迹。

从中可以看出，清廷对各民族施行的抚恤政策是正确无疑的，它让不同民族的心凝聚一块，也让人民更加效忠清廷。

局势分析

十八世纪的土尔扈特大迁徙是中国乃至世界史上为数不多的民族奇迹，它的过程与意义将永垂不朽。

《鞑靼人的反叛》一书是爱尔兰作家德尼赛的著作，在文中他写道："从有最早的历史记录以来，没有一桩伟大的事业能像上个世纪后半期一个主要鞑靼民族跨越亚洲草原向东迁逃那样轰动一世、那样令人激动的了。土尔扈特人所创造的感天地、泣鬼神的英雄壮举，充分表现了中华民族不畏强暴、反抗压迫剥削与酷爱和平自由的光荣传统，将永远光耀史册。"

土尔扈特蒙古部落不惧艰辛、勇往直前的精神激发人们爱国意志的同时，也让民众对他们的事迹赞叹不已。

唐朝时，中国史册上就已经出现漠西蒙古的记录。元朝时期，还出现过"西蒙古的记载，史称斡亦剌惕"。到了清朝，蒙古部落被称为"厄鲁特""卫拉特"等各类名称。

蒙古族的名称在不同朝代有不同的演变，蒙古语"斡亦剌惕"的含义主要有两种：一种是相邻相近、近亲的意思，另一种是林中百姓，生活在林中之人的意思。

关于这两种不同解释，后人普遍认为第二种意思更为接近。因为当时蒙古族人生活在山林中，靠渔猎为生，他们常常被草原上的牧民们称呼为"槐因亦儿坚"，也就是林中人的意思。

在不同的解读和阐释中，与明代"大小四卫拉特联盟"最为贴切的一种，便是"亲近者""联盟者"的意义更为相近。根据国外史学家帕拉斯、施密特等人在十八、十九世纪的调查，"联盟说"更加具备合理性。

来自俄国的学者多尔济班扎罗夫专门研究布里亚特蒙古史，他指出"卫拉特"的"卫"是"林木森林"的意思，而"阿拉特"又是"百姓"的意思，从而得出"卫拉特"的意思便是"林中百姓"。这一解释对大众来说更容易接受、认同，权威性也颇高。

和珅专权

和珅本名善保，字致斋，满族正红旗人，钮祜禄氏，时任乾隆时期军机大臣，以贪腐之多无人能敌而闻名于世。和珅的父亲为常保，原本在福建任副都统。在清军入关时期，和珅祖上自老家辽宁清原移居北京，住在西直门内的驴肉胡同。

和珅的家庭曾经显赫一时，但等到和珅出生时，这个家庭早已败落，留给和珅的只有家徒四壁的凄冷惨境。为了能够维持温饱，和珅常常需要奔走求贷，饱尝人情冷暖，然而它和弟弟都没有放弃接受教育，自十岁入官学起，他系统地学习了满、蒙、汉三种语言。

二十岁时，和珅在朝中任三等轻车都尉一职。次年，他参加当朝举办的科举考试，却并未能金榜题名。不过后来和珅却意外成为科举考试的读卷官，真可谓造化弄人。

乾隆三十七年（1722），此时年满二十三岁的和珅官位一路高升，被命为三等侍卫，主要职责是在皇帝出游时陪同护驾，随时听从皇帝的指示。这次职位的调动可以说是和珅人生的转折点，正是这个官位让他与乾隆皇帝结下不解的君臣之缘。

和珅受到乾隆皇帝赏识，一步登天的事情，被许多野史编造出众多版本，其中最广为流传的便是"还债说"。据传闻称，和珅和乾隆的某位妃子长相神似，故而深得乾隆关爱。因此，和珅官位节节升高，一路坦途畅通无阻，在二十六岁时，便被任命为乾清门侍卫，没过多久又升任御前侍卫，而且被封为正蓝旗副都统。

当然和珅除了依靠皇帝的宠信之外，他个人也有着卓越的才干，加上封建官场的既定规则，使得和珅在官场如鱼得水，始终在浪潮最高端屹立不倒。

和珅从户部左侍郎一职迁任军机大臣仅仅用了三个月的时间，又过了一个月后，他被封为总管内务府大臣。而就在半年前，和珅还不过是宫门外负责守卫的士兵而已。

和珅每年都会被加官晋爵，享受最高俸禄，在朝中是无人能及的宠臣。由于地位的显赫，他渐渐开始对部下颐指气使，还到处收敛财富，自此他的擅权之路正式开启。

随着权力的不断增长，和珅的私欲也日益膨胀，他利用职务之便，结党营私，广纳天下金银，在朝中公开买卖官位。他敛财的手段层出不穷，花样百出，总是有不同的方法能够获得财富，例如受贿、收税、索要、开店、放债、盘剥等等。

乾隆晚年时对和珅更为信赖，几乎到了倚赖的程度。乾隆八十岁时，为了举办寿宴，和珅借机向各位大员搜刮钱财，命令各衙门都要缴纳一定数量的俸禄，除了朝廷官员之外，富可敌国的商贩们也不能躲过一劫，并且至少要捐银四百万两。

在朝中，和珅擅权时期，他还创建了"议罪银"，也就是说被处罚的官员可用金银来消灾解祸，数额不等，以所犯罪名轻重区分，至多可抵达几十万两。和珅搜刮的钱财全部藏匿到了他的小金库中，有些进献给了乾隆，为此乾隆也不再追究和珅的不当行为。

正是由于和珅祸乱朝纲，掀起一阵贪腐之风，致使朝廷乌云笼罩，文武百官人人自危。有一位官吏名叫尹壮图，因不满于和珅独掌朝政的行径，毅然向皇帝上书抗议，谁料反倒因此获罪，险些丧命。

据《啸亭杂录》记载，正是因为和珅的层层搜刮，令本就捉襟见肘，常常需要户部资金救助的内务府在短短几年内就出现盈利的现象。全国各地都有他开设的当铺、银号。传闻称和珅被抄家时，家中金银财宝堆积似山，真可谓富可敌国。

到了乾隆暮年，朝纲紊乱，腐败日益严重，和珅因为有乾隆帝作为靠山，理所当然成为首席贪官。和珅自恃有乾隆帝这把保护伞，便肆意妄为、无法无天，却忘记了为自己留一条后路。

年事已高的乾隆帝择立太子时，想让中意的颙琰即位，心腹和珅早已得知这一选择，便早早地向颙琰赠送一柄玉如意，向他表示自己的态度与立场。但颙琰亲政后，并没有受和珅的蛊惑，而是当众宣布了和珅的二十条罪状，将其关入大牢并赐死。至此，清朝的第一大贪官终于落下了帷幕。

局势分析

和珅能够得到乾隆重视有以下几个方面的原因：

一是可能因为野史中说的"还债说"，为了弥补对过世妃子的歉疚之情，对长相相似的和珅颇为青睐。

二是和珅确乎具备真才实干，他精通蒙、汉、满三种语言，在处理内政上也是一把好手。

三是和珅对帝王的心理揣摩透彻，在皇帝生活中起到了举足轻重的作用，能够无时无刻不让乾隆帝喜笑颜开。

四是封建专制型社会中官员们相互袒护的原因所致，皇帝也难免不遵循这一圈子的规则。

因此，根据以上四点，我们就可以了解为何乾隆对和珅宠幸有加了。

说点局外事

和珅在大众心目中确认无疑是个巨贪的形象，然而令人深感意外的是，家庭生活中的和珅是一位十分重感情的人。

和珅出生在一个没落的满族家庭，自小生活拮据，常常需要向他人借贷，而借钱给他们的人当中，有一位名叫英廉的人。他对和珅兄弟多方关照，还让他们顺利完成了学业。

英廉本姓冯，是内务府包衣籍汉军镶黄旗人，曾任内务府大臣、正黄旗满洲都统、直隶总督、东阁大学士加太子太保，并担任过《四库全书》正总裁，是乾隆颇得信任的高官。

英廉为官时两袖清风，一生坦荡，在去世时，乾隆还特赐白银五千两治丧，入贤良祠，谥文肃。当时，他的孙女自幼失去双亲，英廉对她是格外疼爱，可是再疼爱，自己也总有死的那一天，孙女也得嫁人。

于是，他想给孙女找一个好的靠山。当发现和珅之后，英廉认定和珅绝非等闲之辈，于是就把心爱的孙女许配给他。在和珅十八岁的时候，他娶了英廉的孙女冯氏为妻。和珅与冯氏结婚后，两人相亲相爱，夫唱妇随，感情颇好。

嘉庆三年（1798），冯氏去世时，和珅十分的痛心难过，他为妻子连作六首悼亡诗，其中有一首这样写着：

> 结缡三十载，所愿白头老。
>
> 何期中道别，入室音容杳。
>
> 屏帏尚仿佛，经卷徒潦倒。

泪枯挽莫众，共穴伤怀抱。

游川分比鳞，归林叹只鸟。

追思病时言，尚祝余足好。

犹忆含殓前，不瞑心未了。

自此退食馀，谁与伴昏晓。

可见，他们结婚三十多年，夫妻感情非常融洽，二人相濡以沫，互相扶持，共度风雨。冯氏为和珅生育的儿子丰绅殷德，也是他的孩子们中唯一长大成人的儿子，就是后来娶了乾隆视若掌上明珠的女儿和孝固伦公主的人。

纪晓岚与《四库全书》

乾隆在位时有两位风格相异的大臣受到他的重视，一位是逢迎拍马的和珅，一位是刚正不阿的纪晓岚。因为才华横溢，饱读诗书，纪晓岚被乾隆安排去修书并主持科举考试。

且说纪晓岚才学渊博，可是他留下来的书籍诗稿却是不多，人们都不禁纳罕，他为什么不写书呢？那还要说清朝当时的历史背景。

众所周知，清朝文字狱高发期是康熙、雍正、乾隆三朝。其中著名的有康熙朝庄氏《明史》狱和戴名世《南山集》狱，雍正朝查嗣庭狱和吕留良、曾静狱。乾隆朝文字狱更加严苛，大多是无中生有、借题发挥，不少人因此而家破人亡。如内阁学士胡中藻狱。胡中藻不过是在诗歌中说了一句是"一把心肠论浊清"，乾隆就认为其是故意加浊字于大清国号之上，大不敬；还有一句是"老佛如今无病病，朝门闻说不开开"，被乾隆认为是讽刺他朝门不开，不进人才。胡中藻还被翻出他在广西学政任内，曾出试题"有乾三爻不象龙说"，这也被认为是龙与隆同音，是诋毁乾隆的年号。就这样胡中藻被乾隆冤杀了。纪晓岚经历这样的事情太多，他对这些文字狱自然深有感知，便不再轻易地著书了。

清代大学者江藩在其《汉学师承记》中曾说，纪晓岚一生精力全都耗在《四库全书总目提要》一书上，又喜欢写些稗官小说，故而"懒于著书"。他青少年时期的著作都藏在家中，未曾流传于世。

不敢著书的纪晓岚，其实他一生的著述还是颇丰的，既有以官方身份主持编纂的《四库全书》《四库全书总目提要》《热河志》等，还有以私人身份著述的《阅微草堂笔记》。

纪晓岚在和同僚一起纂修《四库全书》时，也承担着极大的风险，甚至可能危及整个家族的命运。修《四库全书》本来就是一个庞大的文化工程，中间肯定要出现一些不可避免的错误事情。但是，只要尽心尽力，有错即改，加以完善就可以了。可惜，他们要面对的是朝纲独断、好大喜功的乾隆皇帝，一些细微之误也引来杀身之祸。

算来在整个纂修四库全书的过程中，总纂纪晓岚、陆锡熊和总校陆费墀等人都因出现过差错而遭到呵斥、交部议处、罚赔等处分。最后，总纂陆锡熊还死在了前往东北校书的途中，而陆费墀也因无力负担江南三阁的修改费用而被革职，最终郁郁而死，家产也被官府查抄。身为同僚，纪晓岚是在暴风雨中心，自然知道其中的深浅，陆锡熊和陆费墀的结局也使他更加真切清楚地认识到自身所处环境的险恶。要想保障自身及家人的安全，最好是明哲保身，置身事外，虽然这样不是什么万全之策，可是也能获得一时的安宁。

我们经常在影视剧中看到纪晓岚与和珅的关系是势不两立，水火不相容，两人在一起是斗智斗勇，妙趣横生。其实，这在民间也有不少类似的逸闻传说，讲的都是纪晓岚如何捉弄和珅，也可以看出两人之间的不对付。

在史料中有记载，和珅在他飞黄腾达之后，曾与文学名流诗文唱和。有时他私下请纪晓岚、彭元端帮他的作品润色。而纪晓岚和彭元端两人也是考虑到和珅权大势重，万一不去的话，被他穿了小鞋那可就得不偿失了，因此每每为他做了"枪手"。当然，也只是简单的润色文字而已，纪晓岚并不依附和珅去谋求高位，只是不想顾此失彼而已。

据朝鲜使臣徐有闻所见，和珅专权数年，朝廷内外许多的大臣都投靠在他的门下，只有刘墉、纪晓岚、朱珪等人始终不依附。看来，纪晓岚还是在竭尽所能的与和珅保持着距离，避免同流合污。他能在那样的环境下做到这点，可想而知有多不容易。晚年的纪晓岚常以弈道为喻言其心志。其实，这是一种非常世故的态度，是他在官场摸爬滚打多年积累出来的经验。

纪晓岚所著的两部书，在民间广为流传，受到不同阶层群众的喜爱。

第一部就是《四库全书》，第二部书就是纪晓岚自己的《阅微草堂笔记》。纪晓岚是《四库全书》的总纂官，他借此机会删定了一部重要的目录学巨著《四库全书总目提要》。这本书在学界也享有盛名。而《阅微草堂笔记》这部笔记也流传甚广，后世也获得了极高的赞赏。这两部书都留存后世，其编纂者纪晓岚自然也被人们所知。综合下来，虽然他在政治上没有多高的成就，可是在文学上却也是成绩斐然的，文字传入士林当中，在传入百姓当中，他的知名度可谓是颇高。

在纪晓岚死后，谥号是"文达"，这也是对他文学才能一种相当高的认可。他一生才华和学术成就都十分的突出。他不仅是清代的文坛泰斗，学界领袖，更是一代文学宗师。纵横整个中国和世界文化史，纪晓岚也是难得一见的文化巨人。

局势分析

"浮沉宦海如鸥鸟，生死书丛不老泉"是纪晓岚所写的一句诗，也是他自己人生的完美注解。

纪晓岚的学术成就显著，虽然他著作不多，却是清代公认的文学泰斗，被称为一代文学大师，这一称号他是当之无愧的。

不论在中国或是世界文化史册上，纪晓岚都是世间稀有的文学巨人。不过由于封建社会的重重约束，纪晓岚的才华难以得到施展，并且被王朝的公文耗去了大半精力。

说点局外事

纪晓岚一生著述不多，而遗留下的《阅微草堂笔记》最为人们所熟知，至今被人们奉为文学经典。在《阅微草堂笔记》当中，有六卷《滦阳续录》、四卷《如是我闻》、六卷《滦阳消夏录》、四卷《姑妄听之》和四卷《槐西杂志》，这一笔记从乾隆五十四年开始书写，直到嘉庆三年才算写成，耗时大概十年之久。

纪晓岚门人盛时彦将五种笔记合刊印行，定名为《阅微草堂笔记》，并为书作序。书中涉及内容广泛，三教九流，医卜星相，无所不包。文字朴实淡雅，具备较强的知识性，在捧腹大笑的同时亦能感到纪昀庄重的风格，是一本值得捧读的佳作。

在本书中，虽然有不少篇幅古怪放诞，但仍有不少的篇章在针砭当时的社会弊端，并且宣扬了因果报应等较为深层次的思想。

纪晓岚不惧权贵、大胆直言的风格在书中展露无遗，许多道学家的假面孔以及社会上的不当言论，都被他揭开了真相，大众从中看到了官场真实的那一面。他还对受压迫的百姓给予安慰和同情，无论从哪点看来，这本书都不失为一本极富学术性与思想性的著作。

当时这本书发行后，好评如潮，一时出现"洛阳纸贵"的现象，与《红楼梦》《聊斋志异》一同成为受大众欢迎的读物之一。鲁迅曾评价此书"隽思妙语，时足解颐，间杂考辨，亦有灼见。叙述复雍容淡雅，天趣盎然，故后来无人能夺其席"。

纪晓岚诗文亦饶有兴味，后世将其编著成册，是为《纪文达公遗集》。书中包含诗、文共三十二卷，各分十六卷。其中受邀而作的碑文、祭祀文、序跋、墓志铭与书后等，均收编在册。

第四章　末路王朝

嘉庆禅让继位

中国历史上第一位禅让继位的皇帝便是嘉庆帝。在嘉庆登基后，乾隆还未薨世，他虽自称退位，却仍然掌控着朝中大权。嘉庆登基时已年过而立，时年三十六岁，在朝称帝二十五载，终年六十一岁，是清朝的第七位皇帝。

在嘉庆之前，乾隆曾先后设立过三位太子。第一位太子是乾隆十分宠溺地皇次子永琏，为富察氏所生，曾被乾隆评价称"永琏乃皇后所生，朕之嫡子，聪明贵重，气宇不凡。"因而自小接受全面的培养，以备后来接任皇帝位。

然而世事难料，这位太子在年仅九岁时便撒手人寰，因病去世。

接下来代替永琏继任太子位的是皇子永琮，然而在他两岁时不幸因痘症辞世。在永琮身后接位的是颙琰，也就是后来的嘉庆皇帝。

嘉庆帝本名原本叫作"永琰"，而为何"永"被改作"颙"呢？原来这其中仍有暗藏的机关可寻。清朝皇帝们避讳名字的特点在于，只要在《实录》《玉牒》之类的文献中出现御名，便要用黄签遮住其名，尤其是清太祖努尔哈赤、清太宗皇太极、清世祖福临等人常这般处理。

为了加固皇帝的专制统一大权，就连名字开始都不得雷同，例如康熙帝执政期间，"玄烨"的"玄"字必须省略末笔，等到了雍正时期，胤禛的"胤"字，不仅要省去末笔，其他带"胤"字辈的皇子们，必须将"胤"字改作"允"字。

　　乾隆皇帝即位后，考虑到"永"字的普遍性，于是将皇子们的"永"字改成"颙"字，前者可谓随处可见，不过后者却十分稀少。所以，永琰的被更改为"颙"琰，之后清朝皇帝们，都将排辈分的字，修改成极其特殊的名字，以避讳君王之名。

　　嘉庆元年（1796），皇帝的登基大典在太和殿隆重举行，乾隆将皇位禅让给嘉庆，成为第一位禅让的皇帝。而乾隆帝退政之后，依然以太上皇的身份掌管朝政。所以，在当时的宫中出现了极其特殊的现象，虽然在嘉庆帝登基之后，全国各地区、省份都已改换年号为"嘉庆"，然而宫内的老皇历却依然沿用"乾隆"年号。这位乾隆皇帝退休后并不安享天年，却仍然保持着当年的傲气和规格，本应移居宁寿宫的他还在养心殿里颐养天年，全然不顾新任皇帝的颜面，让嘉庆帝下居毓庆宫，并为其赐名曰"继德堂"。

　　除了寝宫位置没有变更之外，连每日的仪式也仍旧按照原来模样，文武百官朝贺的并非嘉庆帝而是高高在上的乾隆，儿子嘉庆只好在陪侍的位置上尴尬的停留。

　　在朝鲜使臣出使京师的报告中，曾这样描写道："侍坐太上皇，上喜则亦喜，笑则亦笑。"活脱脱一个无主见的嘉庆跃然纸上。并且，又记录道：摆宴之时，嘉庆帝"侍坐上皇之侧，只视上皇之动静，而一不转瞬"。

　　外国使者的言论该是相对客观的了，而在《清史稿·仁宗本纪》这一官方修著中，同样记载着："初逢训政，恭谨无违。"也就是说，人们对嘉庆帝的陪衬位置早已确认无疑。

　　相比于康熙、乾隆等百年难一遇的君王，嘉庆帝则是千千万万个普通人的其中一个，或许生在平凡人家还不觉得有什么，但是既然被安排在帝王之家，由于被套上"天子"的美名，好像不做出些惊天动地的事情就显得奇怪了。

　　因此，人们对于嘉庆帝的印象大多是缺乏谋略，没有革新精神，又没有执政才华，简直平庸透了。然而，"平庸"两个字并非为嘉庆帝所量身打造的。

　　在当时的时代，整个清朝已经转入下坡期，不论是经济运势或是内部吏治，都显现出一幅衰退的景象，而这一切是嘉庆帝所难以挽回的，也并非他一人之力就能够阻挡历史的潮流。

自万象更新的"康乾盛世"到嘉庆时期的衰落，人们等待的奇迹还是没有出现，而嘉庆帝的执政之路才刚刚开始，他整顿朝纲的第一步，便指向了贪淫无度的重臣和珅。

局势分析

从乾隆皇帝退位后，嘉庆帝禅让即位，但除了名号有所改变，其他都没有变动，就连宫内都在实行乾隆皇历。从中可见，乾隆这位"十全老人"的影响之深，以及新人嘉庆的影响之浅。

嘉庆帝自乾隆手中接手的不仅是皇位，还是黄袍之下遍布的疮痍，这套华丽衣裳已渐渐被蠹虫所啃食殆尽。想要改变眼前现状比登天还难。

嘉庆帝即位后，清廷出现一系列的恐慌与暴乱，无一不在敲示着清廷的丧钟。而嘉庆帝执政后，做出的第一件事就是铲除贪官和珅。

说点局外事

乾隆退位时年近八十五岁，颙琰也已三十六岁，即位后奉乾隆帝为太上皇。颙琰相继立过两位皇后，一位是副都统、内务府总管和尔经额的女儿喜塔腊氏，另一位则是礼部尚书恭阿拉的女儿钮祜禄氏。

喜塔腊氏是乾隆皇帝专门择选给儿子的，当时颙琰不过年仅十五岁，喜塔腊氏当时被封为嫡福晋。二人结为夫妻后的第八年，乾隆帝最喜爱的孙子道光出生，因此颙琰的地位也提升不少。等到颙琰即位，成为嘉庆帝后，喜塔腊氏便被封为皇后，主管后宫大小事宜。

不过在登基后的第二年，这位皇后便因病辞世。为了感念她，嘉庆特地为他追封谥号为"孝淑"，并同时修建了二人的陵墓，在太平峪建成，取名为昌陵。

喜塔腊氏皇后去世后，嘉庆帝才又册封钮祜禄氏为皇后，在嘉庆帝还未登基时，她还是侧福晋。钮祜禄氏姿容清丽，性格恭顺严谨，明智有礼，得到了嘉庆帝的赞赏和宠爱。

处置和珅

乾隆六十年（1795），乾隆立第十五子嘉亲王颙琰为皇太子，决定次年实行"禅让"。

对于乾隆的这个想法，擅权已久的和珅其实是心有不满的，他对自己的未来表示担忧，可是他也无法公然表示反对。如果他反对，那就意味着不仅仅要对抗当朝皇帝乾隆，而且还会得罪新皇帝嘉庆。他考虑来思虑去，想着自己怎样能够在保全自己的同时又能够两面讨好，既能控制年老的乾隆，又能掌控嘉庆。

其实乾隆虽然退位，但他仍牢牢掌握着大清帝国的权杖，嘉庆不过是应付一些朝廷礼仪的表面皇帝而已。

年纪大了，记忆力总是要衰退的。据记载，当了太上皇的乾隆记忆力就衰退得很严重，往往当天早上所做的事情，到了晚上就想不起来了。在这种情况下，和珅就成为乾隆的代言人，这也使得他更加的骄纵不法，贪污纳贿，无所不为。和珅一手遮天，文武百官无人敢与之抗衡，就连嘉庆皇帝也要对他礼让三分。

这样的情况让新皇帝嘉庆非常的不满意。他继位时就已经三十六岁，正是想有所作为的时候，可是乾隆死死不肯交权，这让嘉庆只是成了名义上的皇帝。不过，鉴于曾祖父康熙时期太子立而废、废而立的教训，嘉庆不敢轻举妄动，只能虚与委蛇，小心谨慎地提防着和珅。嘉庆在忍也在等，他在等待时机，相信这个时机不会等太久。

他清楚地知道乾隆去世的时候也就是和珅倒台的时候，事实也正是如此，乾隆刚刚去世，嘉庆就马上作出周密部署，惩办了和珅。

嘉庆四年（1799）正月十八日，乾隆去世刚刚半个月，和珅这时下狱已经七天，嘉庆派大臣前往和珅囚禁处，赐给他白绫一条，令他自尽。和珅在乾隆去世的时候就已经知道自己死期不远了，可是回想过往，他也不禁悲从心来，提笔写下了一首诗：

> 五十年来梦幻真，今朝撒手谢红尘。
>
> 他时水泛含龙日，认取香烟是后身。

这首诗是他对自己一生的总结，从平凡到权力的顶峰再一下子跌落到深渊，对他来说就像是一场梦一样，世间因由总有定论。赋诗完毕，和珅悬梁自尽，凄惨地结束了他的一生。

局势分析

嘉庆皇帝在乾隆死后，第一件着手做的事情便是铲除和珅，可见对于和珅的积怨由来已久。正如康熙亲政时，首先选择消灭鳌拜势力一样，嘉庆帝也做了同样的事情，这不仅意味着自己的时代来临，更是为了能够稳定朝政，掌控朝廷内部统治权。

从中可以知道，无论是哪一代帝王都懂得排除异己，培植心腹，为自己的统治集权集力。和珅擅权的时间并不短暂，但他在登上权位最高峰后，并未选择预留后路，因此导致他最后的凄惨结局。

和珅自恃有乾隆皇帝这一靠山，于是便做出些越轨的事来，令即将夺得大权的嘉庆心生恨意。整个过程中，和珅与嘉庆都处于疏离状，因而康熙的去世，恰好提供了一个时机，让嘉庆得以处置贪官和珅。

说点局外事

乾隆四十五年（1780），乾隆给和珅六岁的长子赐名为丰绅殷德，丰绅在满语里有福泽之意。乾隆一生共有十个女儿，其中五个早夭，和孝固伦公主是最小的一个。《清史稿》中记载，这个小公主是乾隆最钟爱的女儿。在公主没嫁之前就赐了金顶轿给她，她十三岁时，被破格封为固伦公主。

不过，他把自己最心爱的小女儿固伦和孝公主许配给了丰绅殷德。可见，乾隆对和珅一家的荣宠无人能及。乾隆五十四年（1789），十五岁刚过的和孝固伦公主就与丰绅殷德完了婚。公主下嫁时，乾隆除了大量赏给她土地、庄丁和奴仆外，还赏赐了丰厚的嫁妆。儿女亲家的关系使得乾隆与和珅的关系进一步加深了，这让和珅成为其他人望尘莫及的皇亲国戚。

正所谓"树大招风"，和珅在这一问题上并没有选择遮蔽或是低调行事，反倒选择用铁扇公主的扇子推风助澜，将自己推上权位的高峰，以及正待爆发的火山口上。

俭朴道光执政

嘉庆二十五年（1820），嘉庆皇帝驾崩，次子旻宁奉遗旨即位，第二年立为道光元年。道光登基后，胸怀大志，十分想有一番作为。想当初先祖东征西讨戎马天涯打下了大清江山，如今朝廷众臣却是奢靡腐化，良好习性消失殆尽。

想当年，清军入关前推崇淳朴节俭的旧俗，满朝百官无人不以俭朴为自身荣耀，当时粮库充溢、国库丰盛，刚执政的道光帝亦渴望重现当时盛况。

想到这里，道光觉得眼前最重要的是从矫正民风民俗入手，倡导节俭，戒除奢靡，期望回归到淳朴的社会风气。他要求为官从政者严格要求自己的身心，节俭处世，杜绝奢靡，不可为利欲所迷惑。

其实这在他统治阶段是收效甚微的，但道光在这件事上的确是身体力行的。别的皇帝平时每顿饭至少二十多样菜，道光觉得这样太过浪费，他就要求最多只能做四道菜，有时甚至只要一道菜。道光这简朴的饮食习惯可真是苦了一直以来那些从御膳里捞油水的御膳房官员们。

有一次皇后生日，道光只命人宰了两头猪，用打卤面宴请群臣，搞得赴宴的文武官员哭笑不得。还有一次大学士长龄平定回疆叛乱班师回朝，道光在万寿山玉澜堂摆宴庆功，可桌子上只摆了几样小菜，搞到群臣都不敢动筷，害怕饭菜马上因为人多一扫而光，就草草喝了两杯酒敷衍了事。

道光皇帝节俭的力度可谓做到了极致。他在服饰上的节俭在历代君王中也属罕见。他不穿内务府为他准备的华贵皮衣，觉得过于华丽花费太大。当时的内务府官员们都想在皇帝身上捞点油水，但道光皇帝的节俭程度让他们无从下手。道光皇帝的服饰从不追求华美，连新衣都少穿，裤子有些地方磨破了就打补丁。当时官员们深感道光节俭有加，便也都纷纷效仿，一时之间衣物打掌之风盛行。

道光的节俭深入到细微之处，他不用四十方的御用大砚台，就连御笔的毛也选用常见的羊毫。他躬行节俭，力戒奢靡，虽然表面上影响了一些人，但始终无法实现他当初"返朴还淳"，重立祖宗盛世旧观的愿望。尽管他雷厉风行地实施节俭之风，却并没有改变当时清朝的衰败局势。

道光在位时一心想要振兴江山基业，处处寻求国富民强之法，但外国列强还是破门而入，将大清王朝践踏在脚下。

中国历代都有一个捐纳制度，即通过捐纳钱财来买官做，但最初只是授予虚衔，没有职权。自从嘉庆年间开始，国库日渐空虚，而国家处处需要巨大开销。于是花钱买官的风气越来越猛，不管是谁只要有钱就能买到官做，其中不乏奸恶小人，花钱买官走马上任之后，他们便连本带利疯狂地搜刮民脂民膏，贪污受贿，因此这一捐纳制度极大地加速了清廷吏治的腐败。

道光认识到这一危机后，便意图下旨杜绝捐纳之事。但朝臣多以国库空虚开支巨大入不敷出上奏反对。道光也深感此言不无道理，只好做出让步，下令各地捐纳之事需谨慎为之。虽没有杜绝这一风气，但道光对于花钱买官的人一直深感厌恶，严加防范。

道光也一直大力整治腐败吏治，企望改革弊政。他清楚认识到"官官相护""贿赂公行"是朝廷腐败的根源。所以对于澄清吏治，道光一直坚守不渝，即使是宗室贵族、皇亲国戚贪赃枉法，道光也一样毫不手软地严加惩治。

道光身体力行戒除奢靡之风，从表面上看来影响到了一部分官吏，例如他们纷纷效仿皇帝"套裤打掌"，在皇帝面前表现的俭朴清雅等。不过，道光的勤俭并未根除腐烂已久的作风，"返朴归淳"的愿望也显得遥不可及，甚或比登天摘星星更为艰难。

而当时的世态除了作风问题之外，仍有其他重大问题遗存，逐渐侵蚀华人的烟毒就是其中一项，道光帝的整治之路任重而道远。

局势分析

每个朝代在从建立到灭亡的过程中都会经过几个时期。在建立之初，本着惯性当然会远离欲望，随着国家的稳固和经济的发展，自上而下开始安心放任欲望撒欢狂奔。但是"盛极必衰"，人类的历史进程无不揭示这一点，所以欲望这匹野马需要时不时牵回缰绳，不能无视规律的存在。

道光年间，整个清朝已然处于大厦将倾之时。长期以来，清朝内部存在着腐败、贪污、官员专权等问题，导致社会不稳定和民生困境。道光皇帝意识到这些问题的严重性，并试图进行一系列的改革。然而，由于改革的力度和范围有限，这些努力并未能从根本上解决社会和民生问题，清朝社会仍处于动荡状态。

说点局外事

公元 1820 年，旻宁在太和殿接受百官朝贺，即皇帝位，史称清宣宗，由于年号为道光，遂被称为道光皇帝。佟佳氏本为旻宁嫡福晋，登基后册立为皇后。不过，佟佳氏并非旻宁原配，在她之前，旻宁的原配是户部尚书一等子爵布颜达赉的女儿，在旻宁十五岁时与其完婚，然而却在十三年后因病而死。

佟佳氏册封皇后不到一年，便也香魂永逝。为了保持后宫的稳定性，道光又从后宫佳丽中选出钮祜禄氏册封皇后。而此时的皇太后正是钮祜禄氏的姑姑。然而，谁知这从前的姑侄成为婆媳后关系并不融洽，相反矛盾重重甚或激烈得很。

钮祜禄氏天资聪颖，才貌双全，深得道光帝宠幸，被赐予"全贵妃"的封号。

虎门销烟

道光帝执政时期恰好是清政府转向走下坡路的时候，其主要标志就是鸦片的盛行。若从全球看来，欧洲各国正处于资本主义扩张阶段，他们迫不及待地向外输出商品，这也正是他们选择入侵中国的原因所在。

和中国人做贸易期间，西方列强渐渐感到利益的天平倾向于中国，而大量的丝茶、陶瓷却涌向欧洲。为了改善贸易不对等的状况，英国最终决定向中国走私鸦片，企图从中国谋取更多的利益。

鸦片贸易开启后，迅速在中国有了较大的市场需求，下至平民百姓，上至王公列侯，很多人开始吸食鸦片，致使国库亏空，东方古国一度有了"东亚病夫"的称号。鸦片的输入使中国人民同外国侵略者之间的矛盾愈加深厚，民众渴望禁烟的念头也愈加高涨。

自雍正到嘉庆年间，虽说清朝颁发了十余项命令禁止贩烟，但英国人丝毫不放在眼里，已久在广州沿岸、澳门等地走私鸦片。受贿赂的官员也为此推波助澜了不少，致使进入中国的鸦片总量从开始的六千余箱扩增到四万余箱，中国人的生活愈加潦倒，精神日益萎靡不振。

道光十八年（1838）四月初十，大臣黄爵滋向道光帝上呈了一份《请严塞漏卮以培国本》的奏折，在其中陈述了禁绝鸦片的重要性以及戒除鸦片的方法："在各地传发戒烟方法，规定一年的期限让他们戒除烟瘾，如果过期未能做到，平民处以死刑，官吏则罪加一等，另不许其子孙参加科举考试。"

虽然这份奏折最终并未产生广泛的效用，但是在当时是闻所未闻的，是标新立异的。

道光十八年（1838）十一月十五日，道光帝派湖广总督林则徐进京授命，委派他前往广东彻查鸦片走私事件。

林则徐，福建侯官人，以清廉守法闻名，是清朝时期著名的大臣。他在此次禁烟运动中发挥出不小的效用，为重振国民气节做出了卓越的贡献。

抵达广东后，林则徐的第一个工作内容便是了解鸦片的贩运情况。在邓廷桢的陪同下，二人在几天里，私下走访了无数烟馆和卖烟场所，从中获取了不少的线索。很快林则徐对广州市内的鸦片走私状况和经营就有了一定的了解。在来到广州的第八日，林则徐宣布一系列禁烟条例，下令外国商贩在限期三日内缴出所有鸦片，并需要填写保证书，声明"嗣后来船永不夹带鸦片，如有带来，一经查出，货尽没官，人即正法，情甘服罪"。

林则徐还说："鸦片一日不绝，本大臣一日不回，誓与此事相始终，断无中止之理。"

自从外国人向中国走私鸦片以来，在长达一百多年的时间里，清廷从未表现得如此坚决。令外商震惊不已，不过他们仍然心存侥幸，认为这段风波很快就会平息下去。

等三天的期限一到，商贩们见林则徐决心已定，便妄图以千余箱鸦片来应付了事。谁料到林则徐却不肯轻易放手，他早已了解到当地约有两万多箱鸦片。所谓"擒贼先擒王"，林则徐为给毒贩们施加压力，欲首先逮捕"钦交"烟犯颠地，他不仅是其中携带烟土最多的，也是外国毒贩中的首领，抓住他就等于抓住了广东鸦片分子的头领。

英国驻澳门代表义律为了保护颠地逃离，准备了船只等，打算让他于次日逃离广州。然而林则徐就在当天下令查封在广州黄埔的外国商船，并停止对外商提供船只、房屋租赁等，同时要求在外商公司工作的中国人全部撤出。很快外商洋行便在中国军队的包围下失去了来往的自由。

外国鸦片贩子并未想到林则徐行事如此严密，以至于将他们的后路堵截得水泄不通，很快他们便"缴械投降"，无奈放弃了抵抗。

次日，共有两万余箱鸦片等待清军查收。不仅如此，林则徐还下令全省中国人戒除鸦片，规定各府州县在二月底前，缴清各家吸食鸦片的烟具等物品。

林则徐的禁烟行动让深受鸦片毒害的民众重振信心，并因此得到了广大人民的强烈支持。受到广东大刀阔斧改革的影响，其他省份也陆续开展了禁烟活动。

等到鸦片全部交呈上来，如何处置成为林则徐有待解决的大问题。从以往销毁鸦片的方法中，林则徐去其糟粕、取其精华，决定用盐卤和石灰来浸泡。等到销毁方式选定后，林则徐命令士兵在虎门海滩高处开掘两个大池子，掘出其中泥土，然后在池子底部铺上石板，并在四周用钉板建立围栏，以防鸦片被偷。

池子建成后，林则徐派人在池中引入水源，并将海盐撒入其内，随后将烟土切碎洒入，利用半天时间进行浸泡，再开始抛入烧透的石灰，让鸦片自行分解。

鸦片被消解过程中，盐卤与石灰进行相互作用，沸腾的池水喷发出一股股浓烟，恶臭难闻，犹如乌云蔽日，围观人群皆掩面遁走。

在石灰盐卤分解鸦片的途中，林则徐派人直捣池底，以免烟土留下块状物体。等海潮退去时，将通向大海的涵洞打开，让海水冲去池内砂砾般的鸦

片，带入汪洋大海。只要池底存留一点鸦片浆，都会被清洗干净。

道光十九年（1839）四月二十二日，这一天林则徐在虎门海滩销毁了缴清的全部鸦片。按照上述方法，连续销毁了二十三天，才将两万余箱鸦片消除完毕，并未存留一点残渣。

林则徐领导的这次禁烟运动，维护了中华民族的尊严和利益。虎门销烟的胜利是人类历史上旷古未有的壮举，也是中国人民抗击外来侵略的一次重大胜利。

局势分析

自从英国人建立了东印度公司，便开始对亚洲地区进行资产掠夺和殖民活动。早期的对外贸易中，中国的商品是很受欢迎的。由于中国的丝茶、陶瓷等商品深受西方人青睐，所以出口贸易量巨大。而英国人运来的毛纺织品不合中国人的穿着习惯，因此无人问津。这使得英国人当时不仅没有从中国的国库里挖走白银，反而每年要从海外运来大量银两补空。为了扭转中英贸易逆差，并在精神与肉体上摧残中国人，英国决定向中国输送鸦片。自从鸦片进入中国之后，一发不可收，转眼泛滥起来。

为了从中获取利益，就连海关与各级文武官员都袒护包庇鸦片走私。道光对鸦片的可怕危害有深刻了解，决心根治鸦片危机，于是他立即颁发了禁烟令以及鸦片贩卖治罪条例，严禁民间鸦片种植与传播。

由于惩治条例严格，加上施行力度强，初期的禁烟行动渐有成效。但英国人丝毫不放松自己的鸦片侵华政策，在广州、澳门等港口盘查甚严之时，他们想方设法地以各种狡猾的方法走私鸦片进入中国。

在林则徐的指挥下，禁烟活动一度进行得如火如荼，全国各地纷纷效仿。这让道光帝欣喜异常，以为国家多年顽疾终于要被根治。但事情远没有他想得那么简单，英国资产阶级为了维护鸦片贸易，悍然发动了大规模的侵华战争，大清帝国开始蒙受外国列强的剧烈打击。

说点局外事

鸦片的主要提取物来自罂粟花的果实，其浆汁内富含吗啡、可卡因、那可汀等生物碱，具有极强的麻醉功能。在大约四百年前，希腊人就发现鸦片可以治愈头痛。

唐代中期，罂粟被阿拉伯人移植到中国，被东方人称之为阿芙蓉或是鸦片。

在十六世纪，一种吸食鸦片的新方法被南洋土人所发现，从此鸦片可以就火吸食，代替烟草的功效。等到十七世纪中期，将鸦片膏与烟叶相拌搓成丸粒的方法传入大陆，很快吸食的方法又有了新改变，人们能够直接用鸦片就火吸食。

如同所有麻醉剂具备的副作用一样，一旦吸食鸦片成瘾，不仅人的体能会先随之下降，意志力也会变得萎靡不振，到最后生命都会面临危险。在鸦片贩子向中国走私毒品后，很多中国人渐渐染上吸食鸦片的不良习惯。

雍正七年，清廷开始认识到鸦片的危害性，立即下令停止开办私人烟馆，更不允许买卖毒品，不过用来制药的鸦片却没有受到限制。

第一次鸦片战争

道光二十年（1840）至道光二十二年（1842）年间，英国殖民者的炮火指向了中国，这场殖民者的战争导火索便是自英国向中国走私鸦片而起，这也被叫作第一次鸦片战争。

虎门销烟的余温还未褪去，中英间的矛盾变得愈加尖锐，在林则徐的命令下，中英两国之间的贸易虽然重新开启，但鸦片的输入却被强令禁止。

在禁烟活动中，林则徐所遵循的基本宗旨是："鸦片必要清源，而边衅亦不容轻启。"对于外国商人，他实行"奉法者来之，抗法者去之"的政策，进入中国港口的外国船只，不论哪一国家，只要不私藏鸦片，都能获得准许。

然而，义律却不安分守己，不仅禁止英国商船与中国做贸易，还请求英国政府增援军队，打算以武力平定一切。道光十九年（1839）七月，香港九

龙尖沙咀靛民林维喜被无故杀害，据调查行凶人是一名英国水军。

总督林则徐当即向英国政府索要凶手，结果却被蛮横地拒绝，之后蓄意已久的英军终于在九月展开攻势，将英舰驶入九龙港口，并发起了炮击。随即清军摆开战列，以牙还牙，给予英军以重击，最终使得英舰退离九龙，这场战役便是九龙之战。

不过，等到十月，英军重又卷土而来，义律派兵驻守港口，禁止英国商船从中国进口货物。不免又与清廷师船交战，这场战役被称为穿鼻之战。自此以后，虽然沿岸在十日内遭受六次侵入，但均被清廷武装逐出境内。

道光十九年（1839），穿鼻之战发生后，道光皇帝立即终止与英国间的贸易来往，并命令林则徐负责具体事宜，例如阻拦英商船只进入港湾。而在此之前，英军征战中华的计划就已制定。

英军为了夺得先机，在清军尚未集结军队前，就在次年二月突袭虎门炮台，将主动权掌握在了自己手中。年逾六十岁的关天培将军亲自率军进行抗击，展现出他老当益壮的一面。在本次战役中，他英勇奋战，多处被砍伤，鲜血自衣角滴落，却仍不肯撤退。

然而，令人震惊的是，此时就在广东前线驻兵的琦善却置若罔闻，不予以增兵救援，最终大将关天培战死沙场壮烈殉国，究其原因，没有后续部队的支援是重大原因之一。随后，虎门被英军占领，广州一时陷入危急的情况。

到了四月，各地军队在奕山的调集下相继抵达广州。"患不在外而在内"是奕山在战争中所依循的宗旨，企望以此夺得胜利。五月，由于没做任何准备，对英军舰队的夜袭并未成功，之后奕山率军溃逃广州。

在逃军身后追击的英军，因为途中没有任何的阻拦，很快便抵达广州，而且极其顺利地占领了四周的泥城、四方等，很快广州便被敌军团团包围。清军在奕山的带领下，无奈向英军投降，由广州知府余保纯与英军谈判商讨。

经过谈判，清政府与英国签订了丧权辱国的《广州和约》。在这款条约中规定：清朝军队必须在六日内撤离广州城外，还要在一星期内偿还六百万元的"赎城费"，支付英国商馆大约三十万元的损失费。

从道光二十一年（1841）八月月英军攻陷厦门起，直到道光二十二年（1842）八月签订《南京条约》，此间经历的十二个月是战争的第三阶段。

就在穿鼻之战结束后，英国政府对《穿鼻草约》的规定甚为不满，并为此撤回义律，认为应当从中获得更多更大的利益，而对目前的既得利益并不满足。于是，曾任印度全权公使的璞鼎查被派往中国，再次协商有关事宜。

不久之后，璞鼎查的军队就抵达厦门，虽然清兵将领江继芸拼死抵抗，却仍然未能保住厦门，本人也不幸遇难。英军又向北攻入定海，被葛云飞、王锡朋、郑国鸿等将领率部攻打了六个日夜，最终惨遭重创。

不过，最后定海还是被英军占领，三个总兵阵亡沙场。时间到了十月，英军又将炮火指向镇海，清廷两江总督裕谦和浙江提督余步云共同负责防守镇海。裕谦还立下重誓，要将性命与镇海城捆绑在一起。

英军来犯时，裕谦登临城墙指挥大军作战，而令人遗憾的是，另一位指挥余步云却当了逃兵。镇海被英军攻下，裕谦在走投无路的情况下，无奈投水自尽。之后，宁波又被英军攻克。

眼见着浙东三城接连失陷，朝廷内外无不震惊不已。在败局不断的状况下，为保富庶江南的平安，道光帝命令军队迎战英军。十月，奕经被命为扬威将军，将从全国各地集结来的两万余名士兵集结起来，共同奔赴浙江抗战前沿。

但是，奕经并非称职的将领，他昏庸无能，在路上四处云游，从北京到浙江居然耗费了四个多月，抵达绍兴时已经是道光二十二（1842）二月了。

如此散漫的军队，即使到了战场也发挥不了任何效用。与英军对抗的后果可想而知，惨况不堪想象。最终奕经等人狼狈奔回杭州，自此再不敢率兵打仗。

道光皇帝在"外患"与"内忧"之间最为关切的还是后者，统治者只要保住一己之利，哪怕受到屈辱也在所不惜。清军从积极奋战到懈怠征战，沿海各省亦被禁止不准出兵，还让将领耆英担任钦差大臣，同伊里布前往浙江，负责处理停战事宜。但是英军侵略者放弃了和解，他们依照原来计划向长江流域展开大举进攻。

就在宁波、镇海的英军退出后，他们攻克了海防重镇乍浦，随后英舰驶入长江水域，用炮火打通了吴淞口要塞。江南提督陈化成年逾七旬，在仅有五千士兵的情况下拼尽全力抗击敌军，在他的指挥下，清军大获全胜。

虽然陈化成老当益壮，但也抵不过孤立无援的境况，清廷两江总督牛鉴慌忙逃窜，导致陈化成孤立无援，战死沙场。接着，上海、宝山两地又落入敌手。

英军仍没有停下的意愿，驱使停留在长江的军舰一路西上，在七月又攻下了镇江。到了八月，英舰又出现在南京下关江面，无奈中耆英代表清廷向英军求和。耆英在上呈道光帝的奏折中说："该夷船坚炮猛，初尚得之传闻，今既亲上其船，目睹其炮，益知非兵力所能制伏。"

耆英和伊里布二人对璞鼎查言听计从，所有条款都尽数接纳，未曾提出异议。八月二十九日，签订屈辱的《南京条约》。

道光二十三年（1843）六月和八月，中英又相继签订了《五口通商章程》和《虎门条约》，作为《南京条约》的补充，英国侵略者又夺取了以下几种特权：

1. 压低关税。进口货物的税率定为百分之五，清朝成为世界上最低税率的国家之一。

2. 领事裁判权。《五口通商章程》规定：英国侨民在中国犯刑事罪时，由英国领事根据英国法律处理。

3. 片面的最惠国待遇。即今后任何国家和中国签订不平等条约在中国取得侵略权益时，英国均可分享。

4. 可在通商口岸租地、建屋、建立租界。

正是因为清廷的软弱，让国土遭人践踏的同时，还吸引了列强的到来。而统治者们为了维护自身统治，在道光二十四年（1844），共签订了中美《望厦条约》和中法《黄埔条约》。法、美两国逼迫清政府，为他们拓宽了领事裁判权的范畴，将传教等侵略特权攥在了手中。

见清廷如此慷慨，欧洲各国纷纷前来要求签订条款，道光二十八年（1848），澳门被葡萄牙侵略者强行霸占。

《南京条约》的签订是侵略势力对中国的压迫行为，是极其不平等的。从此，强加在中国人民身上的锁链又增加了许多，中国的大门自此敞开，中国也逐渐成为半殖民地半封建社会。

局势分析

第一次鸦片战争开始前，世界资本主义正在急速奔驰的路上，到了19世纪，工业革命首先在英国完成，工场手工业被机器工业所替代，多条铁路开始运行，蒸汽机也在各大工厂内被应用，革命的轮船夹杂着鸣笛声驶向全球各地。

在这一时段的英国早已将西班牙、葡萄牙、荷兰甩在身后，可称得上是最早出现的殖民国家，并一跃而上成为资本主义的首席强国。他们不仅在当地修建工厂，还要将资本主义的一套搬往世界各地。中国作为亚洲面积最大的国家，早就在英国计划侵略的版图中了。

为了开通中国广袤的市场，以阿美士德为首的使团在19世纪初来到中国，向中国提出公使驻京，开放北方通商口岸的要求，清政府都没有准许。此后阿美士德变身为提倡以武力征服中国的殖民主义者之一。

在资本主义席卷全球的时候，英国为把腐朽已久的中国拉入资本主义的风暴，企图以"商品重炮"开启这扇古老的大门。就在十八世纪末期，来自英国的毛织品、金属制品、钟表、玻璃等商品开始充斥中国市场，英国的对华贸易额跃升为第一位。

然而，自中国采购的茶叶、丝绸、瓷器和药材的总量涨幅更大，英国国内向中国贡献的金额超过了出口金额。

显然，在最初的中英贸易中，英国是处于不利地位的，几乎所有来自英国的产品在中国都找不到消费群体。十九世纪二三十年代，英国每年的出超额就达到二百到三百万两白银之多。

为了夺回贸易中的主动权，英国政府开始向中国出口鸦片，以此促进英国资本主义的发展。被源源不断输入中国的鸦片，不仅压榨了中国人民的血汗钱，还严重损害了中国人的身心健康，大量白银源源不断流向资本主义国家。道光十九年（1839）四月至五月，林则徐虎门销烟给予贪婪的殖民者当头一棒。

说点局外事

道光二十一年（1841）五月，清廷与英国正式签署《广州和约》，允许英舰自由出入沿岸港口。就在距离四方炮台不远的三元里，那里的英军肆意侵扰三元里及附近村庄，无恶不作、无所不为，致使当地百姓怒不可遏，开始反击殖民侵略者，一支由农民组成的抗英部队自此建成。

不久，英军再度侵犯三元里，村民们为保家园就势打死了几名英军。知道英军必不肯善罢甘休，三元里人民就推举乡绅何玉成为首领，何玉成集结了百余名乡兵，决定在牛栏岗给英军以致命一击。

次日清晨，村民们拿起戈矛锄犁向四方台的英军发起了进攻。英军司令官随即展开队列，以新式枪炮对抗之，谁料百姓们却逐渐向后移动，错开了与敌军交锋的机会，直到在深处丘陵地带的牛栏岗附近停歇。

不过英军也没有步步紧逼，因为重武器实在难以携带。

听闻一声锣响，牛栏冈的农民七八千人与英军展开殊死搏斗，卧乌古立即命士兵撤离，不过农民们却并未放弃，反倒乘胜追击。

在撤退途中，由于忽降大雨，卧乌古部队的兵器淋湿后再不能使用，等到农民军追上，英军便在劫难逃。最终这场战役中稀少的农民军获得胜利，英军还是退回至四方炮台。

没过多久，四方炮台又被乡兵所包围，不过这次的人数大为增长，共有万余名义勇军参战。受困在城的英军赶忙向清廷求援，威胁说要毁掉合约，结果奕山果真派遣余保纯疏散群众。

百姓们没有听从政府的劝告，倒是更坚定了信念，余保纯见乡兵誓死不退，便威胁乡绅士兵，让他们起内讧，从而使他们不攻自退。这些乡绅考虑到个人利益，临时改换了计划，也开始劝说起群众来，最后乡兵四散而去，英军得以摆脱受困之境。

英军自虎门撤退后，恐吓当地百姓，并张贴布告称："百姓此次刁抗，蒙大英官宪宽容，后毋再犯。"随后，三元里人民亦出示《申谕英夷告尔》，"尔等占据内河，强梁霸道，……尔如今如此可恶，我们痛恨已极，若不杀尽尔等猪狗，便非顶天立地男子汉！"控告英军的侵略行径，以此表露坚定不移的抗战信念。在这件事情发生后，英国侵略者在很长时间内都没有对广州施以暴行，残害人民。

三元里人民的奋起反抗，是对英国殖民者的有力反击，也是中国第一次大规模的抗英战争。正是这次反抗，才让人民群众真正团结起来，认识到了自身所具备的力量，也给予英国侵略者以沉重一击。

师夷长技以制夷

魏源与林则徐一样，是清朝末期睁眼看世界的首批知识分子代表人物，而魏源也是《海国图志》的写作者。

魏源出生在湖南宝庆，字默深，自小饱读诗书，志向远大，师承刘逢禄，受《春秋》公羊学，和龚自珍是同窗。在两江总督裕谦帐下担任幕僚时，鸦片战争爆发。看到外国列强在中国的残暴行径，魏源非常愤慨，便积极参加抗英斗争。

第一次鸦片战争失败后，清廷统治者没有从中吸取教训，当朝百官亦皆空虚而迷茫，唯有魏源有着清醒的认识，他知道是清廷闭目塞耳的状况，才致使国家落后、百姓愚昧，也让知识分子们感到茫然无助。

正因如此，在国家遭遇入侵时，统治者们选择镇压"内忧"而无视"外患"，没有采取有效措施对抗外敌。

十六世纪初期，葡萄牙人来到广州，英国也从东印度转向东亚地区开疆扩土，不过此时闭关锁国的清廷对世界局势的变化并不知晓，而是沉浸在天朝上国的美梦中。"为问海夷何自航？"面对皇帝的疑惑，满朝百官皆不能回答皇帝的问题，这些平日里满腹经纶、饱读儒家圣典的大臣们也变得口拙起来。因此魏源曾无不悲痛地说："儒者著书，惟知九州以内，至于塞外诸藩，则若疑若昧；荒外诸服，则若有若无……徒知侈张中华，未睹寰瀛之大。"

面对国内闭关锁国的状况，统治者们始终认为自己的国家是天朝上国，心甘情愿地接受信息封锁、愚昧无知的环境。在这种思维模式中，人们皆"以侈谈异域为戒"，认为这便是对朝廷的尊重。魏源便是为了改变这种状况，让人们不仅会纵向观察，更学会横向对比，改善"足已自封，于外事不屑措意"的危险境地。

道光二十一年（1841），另一位开眼看世界的先锋林则徐被发配新疆，在临走前与魏源相会最后一面，赠送了自己多年累积的《四洲志》《澳门学报》和多种外文文献，嘱咐他千万珍惜，并建议魏源书写一本介绍海内外的书籍。

原本就对此兴趣盎然的魏源马上行动，依据《四洲志》编写出了《海国图志》。道光二十二年（1842），总共五十卷的《海国图志》编辑成册。道光二十六年（1846），重又增加为六十卷，直到咸丰二年（1852），还扩编至一百卷。

编著本书的过程中，魏源参考了大量明末清初的典籍，还从当时美国人高理文撰写的《美理哥合省国志略》与葡萄牙人玛吉士所写的《地理备考》等书目中收录材料，让当时的中国人看到了完全陌生的海外世界。

作为一部集历史、地理、政治、经济、军事、文化、宗教等诸多领域为一体的著作，也是一部由中国人亲自撰写的巨著，《海国图志》使中国人的眼界更为开阔，西方对中国来讲再也不是只是想象的世界了。

在《海国图志》初稿的序言中，魏源就提出了"以夷攻夷"和"师夷长技以制夷"的号召和呼吁。"以夷攻夷"包涵了依靠国外势力对抗外国侵略者的意思，而"师夷长技以制夷"则是指以西方先进的武器和治军方针来武装清军，从而抵抗国外侵略势力。

在第一次鸦片战争期间，魏源曾亲自参战，根据这项经验，他总结出外国作战中的三个长处：一是武器装备的精良和科技的先进；二是练兵方法的严谨性；三是战事的敏捷与飞驶的速度。这三项长处成为英国军队最终打败中国的关键，因此，中国想要获胜就需要有精良的技术和武器装备。魏源建议从法国或是美国邀请技师教会技术，选送中国学员至国外深造，为国防添加力量。

关于世界地理，《海国图志》中加入了大量详尽又精确的描述，还以巨大的篇幅概述了各国的历史和地理，共编入了七十七幅相异的地图，从地球全图至各国地图，书中应有尽有。

《海国图志》介绍了各国地理、历史及社会状况，丰富了人们的认知，开辟了一条前所未有的道路，魏源也成为迈出"师夷长技"的第一人。这本书的思想给予后人深刻的影响，从国内发生的洋务运动、戊戌变法，到翻译成日文，被维新志士所吸收、延展，甚至对日本的明治维新运动都产生了巨大影响。

魏源提出的"师夷长技以制夷"是清朝摆脱困境的道路之一，也是国人打击列强、提高自身的捷路之一。在向西方学习的过程中，中国人的救国救民思想在不断高涨。然而，由于帝国主义侵略和内外交困等原因，中国在这一阶段还无法完全吸收和转化西方学问。

局势分析

十九世纪中期，整个清王朝犹如一棵行将枯萎的大树，因为根部早已腐烂，只等着有人微微摇晃，上面的树枝便簌簌掉落。面对整个社会"鱼烂河决不可救"的困境，魏源提倡变法革新，指出"小变则小革，大变则大革，小革则小治，大革则大治。"

魏源主张的变革内容在鸦片战争前后具有极大的不同。战争爆发前，魏源想要变革的不过是屯垦、票盐、漕运、河道水利等农业水运方面，而在战争结束后，他不仅提出了"师夷之长技以制夷"，还注重"有用之物即奇技而非淫巧"，并在其中收录了仿制西洋装备的图片和备注。

除此之外，民用工业也受到极大的鼓励，他提倡"沿海商民，有自愿仿效厂局以造船械，或自用或自售者，听之"。从农业到工业，魏源向西方学习的内容愈加广泛，美国的政治制度也受到他的瞩目，"不设君位，唯立官长、贵族等办理国务"的瑞士，在他眼中是"西土之桃花源"。

我们可以看到，这时期魏源的思想里已经有了发展资本主义经济的微弱呼声，还有过倾慕资产阶级政体的主张，然而最终却并未能加以实践。因为在当时的封建制度背景下，面对日益腐朽的清朝政府，任谁都是无能为力的。

说点局外事

鸦片战争爆发后，西方列强纷纷前来与中国签订条约。面对清廷日渐萎靡的现状，先进知识分子提出以"中学为体，西学为用"，倡导求学西方，将中西学问融会贯通。

这一思想主张以中国伦常经史之学为原本，以西方科技之术为应用，从而达到改革王朝的目的。之后，这一思想变成洋务运动的重要指导思想。

"西学中源"说也日益盛行，无论是洋务运动或是戊戌维新期间，倡导学习西方科技的先进知识分子无不提倡"西学中源"，当朝重臣或民间学士无不肯定"西学原本中国"。

人们对西学的偏见是一道硕大屏障，且阻碍了中西方的沟通交流，而"西学中源"说的提出正是为了能够增进中西学的相互交流和融合。

当时提出的"中体西用"和"西学中源"等思想，对中国来说，都是学习西方的有利时机，不过因为环境的变化，它的本质也发生了变化。"中体西用"的思想展现了士大夫们矛盾的一面，同时想要符合传统与先进的要求，此乃封建制度的劣根性。

"中体西用"的思想对人们的眼光开始投向国外起到了一定的推动作用。不过，洋务运动开始后，又重提"中体西用"倒是在用西学促进中体的稳固了。同时，不支持学习西方的保守人员提出，既然"西学中源"中源头是"中学"，就不用铺张浪费向西方学习。

咸丰帝逃奔热河

咸丰十年（1860），英法联军陆续抵达中国，以强大的兵力占领了舟山、烟台等地。之后，英法联军又占领了大沽。

镇守大沽的僧格林沁率兵抵御外敌，他奏请皇帝与英法军队开战。而咸丰帝认为："天下根本，不在海口，而在京师"，从而否决了开战要求。英法联军之后从北塘登陆，很快便攻陷塘沽，接着天津落入敌手。

最后，咸丰乞求和解，派遣桂良、恒福前往天津与联军谈判。英、法军队贪婪地要求将天津开埠，并支付大量赔款。桂良拟好条款，上报咸丰，随即退守再定约。但英法联军并未接受条约，仍以谈判无果为由继续向通州入侵。

不得已之下，咸丰命怡亲王载垣、兵部尚书穆荫担任钦差大臣，继续寻求和解通道。载垣对英法的要求没有任何异议，然而英法还要求向皇帝呈递国书，这次载垣并未接受，谈判陷入僵局。

载垣、穆荫心生一计，捉住英使巴夏礼押解至北京。英法联军没有停下脚步，继续向通州张家湾入侵。僧格林沁败下阵来，率军退守通州八里桥。英法军队六千余人攻占八里桥，僧格林沁再度战败。

英法军队最终来到皇城根底下，首都北京危在旦夕，咸丰帝手足无措，仍以和解作为手段，恭亲王奕䜣作为钦差大臣，再次向联军提出停战请求。

咸丰帝为了自身利益，以"秋狝木兰"为名率心腹大臣逃奔至热河，留下百姓们等待敌军。英法军队毫不费力便占领了圆明园，管理园林的大臣文丰投湖自尽。

奕䜣向皇兄建议送回英国使臣巴夏礼。这次战斗造成的影响主要包括以下几个方面：

首先，清廷与英、法、俄三国签订《北京条约》，还与俄国签署《瑷珲条约》，将自黑龙江以北、外兴安岭以南的我国领土，还有乌苏里江东方的土地全部割让给了俄国，总面积达到百万余公里。

此后俄国又向巴尔喀什湖以东伸出了魔爪，侵占了大约四十四万平方土地。

其次，英法两国向清廷索要一千六百万两白银的支付款。

再次，九月初五日，英法军队大肆破坏圆明园，抢夺奇珍异宝，最后还放火来烧圆明园，圆明园顿时火光冲天，烈焰燃烧了数日。在这次抢夺和大火中圆明园内许多宝物惨遭毁灭，曾经的中华园林艺术瑰宝就这样化成了一片灰烬。

最后，英法联军能够攻陷首都，在历史上是绝无仅有的一次。英法联军在北京出现时，整个大清子民陷入不可知的恐慌，人人皆愤慨并感到屈辱，而有着"万园之园"美誉的圆明园也毁于一旦。

咸丰皇帝逃到热河时，究竟采取了什么方法应对侵略者的呢？

首先，咸丰并未集结军队出兵迎战。他的抗敌决心并不坚定，也从未有过严密的考量。最初，英法联军总数也不过两万五千人，然而咸丰皇帝连一纸抗敌诏书都不肯发，因此，清军纵有千军万马，也难以发挥效用。而且，在国将不国之时，咸丰帝却在为三十寿辰大摆宴席，戏剧也连演了四天。当英法联军正在践踏吾国领土与百姓时，咸丰与王公大臣们却日日笙歌艳舞。

其次，咸丰缺乏作战计谋。在与英法联军签署《天津条约》期间，咸丰帝派遣的清军对于和解抑或对战，反复无常，显示出极低劣的作战手段。天津谈判亦未曾有个结果，肃顺、载垣、穆荫等人擒获巴夏礼时，咸丰也表现出支持的态度，令局面更为紧张。

再次，咸丰未曾为清廷大业着想。京师危在旦夕时，面对英法侵略者猖獗的态度，咸丰没有选择全力抵抗，而是临阵脱逃，率众臣以"木兰秋狝"为名，奔至热河。天子逃窜，国家群龙无首，军队无人指挥，与英法联军的作战又怎能取得胜利呢？

局势分析

英法联军入侵北京时，在承德避暑山庄的咸丰究竟在做些什么呢？为了家国设想出路，抑或是关心众生命运？答案是这两者都没有。咸丰皇帝在逃奔热河后，沉醉于酒池肉林，贪恋女色，沉溺丝竹，并吸食鸦片。

关于贪恋女色，书中有所记录：奕𬣞置兵败于不顾，携妃嫔游行园中，寄情于声色，既聊以自娱，又自我麻醉。

除此之外，他还沉溺丝竹。咸丰不仅爱看他人演戏剧，有时还会亲自上阵。在热河时，他每日都要看戏、点戏。兴致高时，他还会亲自教太监表演，曾唱过《朱仙镇》《青石山》《平安如意》等戏剧。

他沉醉在戏剧中，在其中生活、幻想，他将宫廷戏班聚集在行宫，以备随时演出，还为戏剧亲自选角。他听戏的地方被称作烟波致爽殿，每天上午彩唱刚完，中午清唱还要进行。等到夏日来临，会在"如意洲"摆戏台，在那里设置的是水上戏台，倚栏听戏，别具一格。

在薛福成所著《庸盦笔记》中记录道，咸丰帝在热河时而观剧，时而涉猎，好不快活。"和议刚成，即召京师升平署人员，到热河行在唱戏，使咸丰帝乐不思蜀"。

关于在酒池肉林间游走，咸丰本身不胜酒力，酒品也十分恶劣，一旦酒醉身旁的侍从都将遭殃。民间野史记录道："文宗嗜饮，每醉必盛怒。每怒必有一二内侍或宫女遭殃，其甚则虽所宠爱者，亦遭戮辱。幸免于死者，及醒而悔，必宠爱有加，多所赏赐，以偿其苦痛。然未几而醉，则故态复萌矣。"

关于吸食鸦片，作为一代帝皇，咸丰也染上烟毒。为了替自己解脱，咸丰称其为"益寿如意膏"。逃奔热河后，京师陷落，他并未组织军队退击敌人，而是用鸦片麻醉自己，沉溺在烟雾缭绕的迷幻中。

正是因为皇帝的无能，致使国家遭受敌人践踏，也加速了清王朝的灭亡进程。

说点局外事

十九世纪，西方列强加紧了对外扩张与殖民活动。成为殖民地，被侵略者入侵并非中国的特例，在非洲就有不少国家也有相同的经历。例如，埃塞俄比亚就曾遭受意大利的侵占，并在此次战役中，签订了不平等条约。

光绪二十年（1894），意大利侵入埃塞俄比亚，埃塞俄比亚的国王孟尼利克二世并没有逃避，而是集聚军队抗击外敌。

在敌军入侵时，埃塞俄比亚国王孟尼利克二世宣告国民："我将誓死捍卫我们的国家，打击敌人不留任何余地，所有富有信念的人们啊，请和我一同走上战场吧！"

埃塞俄比亚人民非常团结，民心凝固为一体，任何物资都相互共享，形成一支多达十一万人的军队，其中还有四十余尊火炮。意大利军队配有先进的武器，而埃塞俄比亚人民的武器却落后无比。

经历两年的艰苦战斗后，意大利削减了万余名士兵，弱小的埃塞俄比亚竟然获胜了。所以，最后签署的和约是意大利乞求埃塞俄比亚签订的《亚的斯亚贝巴条约》。因此，并非所有强国都能霸占每个弱国。

圆明园惨遭洗劫

咸丰帝去世的前一年，也就是公元 1860 年，是年七月份，他在圆明园庆贺自己三十岁的寿辰，眼前是一片莺歌燕舞的繁华，而背后却是行将逝去的一切。在圆明园的正大光明殿，百官向皇帝机械地朝贺，随后皇帝率众臣前往同乐园，观看事先准备好的大戏，这戏一连演出了四天。

还没从寿宴的酒中苏醒过来，英法联军的炮火就在圆明园的上空打响，大沽口外列满了无数舰队。联军势如破竹，一路顺利异常，从北塘一路攻入北京，十月，联军的炮台就出现在北京城外。

十月六日，朝阳门外，城墙根下，联军正密密麻麻地进入小关，清廷守将誓死抵抗，势力弱小的清军无奈败逃。英法联军如暴徒般狂喜，占领千年古都也不过是一转眼的事情，他们侵入北京城后的头一件大事便是扑向圆明园。

法国侵略军急不可耐，他们穿过海淀，经历半天的行程，在黄昏时分抵达圆明园。在圆明园大门门口，英法联军难以相信眼前的繁华美景，他们的眼神中透露出贪婪和残暴。把守贤良门的太监们英勇反抗，首领太监任亮（字明亭）等人不幸牺牲。

时隔多年，在公元 1983 年，清华大学建筑工地上，一块石碑被挖掘了出来，上面记录了当时的情景："勇哉明亭，遇难不恐。念食厚禄，必要作忠。奋力直前，寡弗敌众。殉难身故，忠勇可风。"

法军在圆明园内横冲直撞，各处抢掠文物，而管理园林的大臣文丰则投湖自尽。法国公使葛罗、法军司令孟托邦等人跑进正大光明殿，坐上皇帝的宝座，也体会了一把当皇上的滋味。

十月七日早上，英法联军合议分配园内珍宝，官兵们入园后，贪婪地将宝物一件件塞入口袋，他们亵渎了高贵而并不自知，践踏了神圣却装作不懂。圆明园很快便被洗掠一空。

一位参与抢掠活动的英国书记记录道："联军司令部正式下令，可以自由劫掠。于是，英、法军官与士兵疯狂抢夺，每个人都是腰囊累累，满载而归。这时全园秩序大乱。法国兵驻扎园前，法人手持木棒，遇珍贵可携者则攫而争夺，遇珍贵不可携者如铜器、瓷器、楠木等物则以棒击毁，必至粉碎而后快。"

抢劫完毕后，侵略者们为了抵消心中的罪恶感，决定以火焚烧圆明园。英国司令额尔金建议"只有焚毁圆明园一法，最为可行。"随即，英军四处收集木柴与汽油，准备防火烧园。

十月十八日，英国骑兵三四千人闯入园中，在正大光明殿设立指挥部，四处纵火，一片红光瞬间浸染了园林上空。次日下午，指挥部正大光明殿和大官门也被大火侵蚀，浓烟滚滚，所有文物成为灰烬。

有旁观者称，当时黑烟直冲云霄，白日如同夜晚般漆黑，缠绕一处的火焰将园林紧紧缚住，声势如同蛟龙怒吼，林木成碳，草色风光尽无，悲戚之感无以名状。昔日盛极一时的圆明园，顿时成为一片废墟。

格赫《我们是怎样占领北京的》中记载道："所有庙宇、宫殿、古远建筑，被视为举国神圣庄严之物，其中收藏着历代富有皇家风味和精华的物品，都付之一炬了。"

这座面积大约十六七万余平方米的园林经过无数个日夜的焚毁，仅剩蓬岛瑶台、海岳开襟以及双鹤斋三处景点，还有一些殿宇长廊等。当天，颐和园、玉泉山、香山也未能逃脱一劫。

法国随行翻译德里松于《翻译官手记》中写道："他们全都闹哄哄地蜂拥而上，扑向这一堆无价之宝。他们用各种语言呼喊着，争先恐后，相互扭打，跌跌撞撞，摔倒又爬起，赌咒着，辱骂着，叫喊着，各自都带走了自己的战利品，向四面八方跑去。"从中可见，英法联军抢掠圆明园时的疯狂状和野蛮无比的面目。

在书中，他还记载道："在走到安定门时，法国军队只有一辆车，也就是将军的车，载着帐篷和军用箱。而当军队开拔时，不知道为什么竟然出现了大批满载着的车辆，单是这支车队也得十足地走上一小时。至于英国人的行李车队，那更长得出奇。这一支神佑式的车队足足有两法里之长。"

就这样，圆明园的宝物被一箱箱的运出中国，流向世界各个角落。

局势分析

英法联军登陆后，一路并未遇到任何阻碍。侵入北京后，他们冲进圆明园劫掠一空。为了销毁抢掠圆明园的事实，除了能带走的宝物之外，便放火将圆明园焚烧殆尽，许多稀世文物也就再也看不到了。

公元1861年，法国文豪雨果曾谈及焚烧圆明园事件："我们教堂的所有财富加起来也无法和这一东方巨大的、且又漂亮的博物馆相比较。"并且指责英法军队的野蛮行径："有一天，两个强盗闯进了圆明园。一个强盗大肆掠劫，另一个强盗纵火焚烧。"他痛斥道"一个胜利者装满了他的口袋，另一个看见了就塞满了他的箱子。然后，他们手挽着手，哈哈大笑着回到了欧洲。这就是这两个强盗的历史。"

圆明园被焚劫一空是数千年来闻所未闻的旷世灾难，中华文明经历了一场前所未有的文化浩劫。圆明园惨遭劫掠，让中国文物多数流落海外，成为文明史上的一大惨案。

说点局外事

作为园林艺术的巅峰之作，圆明园被称作"万园之园"，它恢宏的气魄和瑰丽的建筑使其成为中国皇家园林的典型。圆明园博众家之长，吸收南北园林的特色，集中体现中国各地园林的不同风貌。在其中仿建了不少各地景致，例如江南的"平湖秋月""三潭印月""断桥残雪""苏堤春晓""雷峰夕照""曲院风荷""柳浪闻莺""南屏晚钟"等等。还仿照宁波"天一阁"，建成"文源阁"，有传闻称是专为收藏《四库全书》而建，另藏有《古今图书集成》。

中国艺术作品中的意境，也都在圆明园中被真实地展现了出来，例如王维的"牧童遥指杏花村"被建成"杏花春馆"，依据《桃花源记》中的描写修建了"武陵春色"，李白的"两水夹明镜"则是"夹镜鸣琴"的构想源头，还有依照画家李思训的画意建成的"蓬岛瑶台"等。每样都是神来之笔，构思奇妙。

《圆明园后记》中乾隆帝亲自书写道："规模之宏敞，丘壑之幽深，风土草木之清佳，高楼邃室之具备，亦可称观止。实天宝地灵之区，帝王豫游之地，无以逾此。"

法国大文豪雨果对圆明园一向赞叹有加，他在《就英法联军远征中国致巴特勒上尉的信》中道："在世界的一隅，存在着人类的一大奇迹，这个奇迹就是圆明园。艺术有两种渊源：一为理念——从中产生欧洲艺术；二为幻想——从中产生东方艺术。圆明园属于幻想艺术。一个近乎超人的民族所能幻想到的一切都汇集于圆明园。"

的确，圆明园将幻想实践在建筑上，巧妙地完成了想象的转化，如同雨果说的是"月供似的仙境"，"是一个令人震惊，无可比拟的杰作"。

圆明园中最大的西洋楼被叫做海晏堂。围绕池水两旁，分别有六只兽首人身的铜质塑像，它们以十二生肖为模型，代表着十二个时间点，共同组成一个大时钟。每个时辰的铜兽会在自己的一个小时内喷水。正午时分，十二铜兽一齐喷水。这当中的一个猴头就价值连城，可想而知，圆明园的整个文物价值是难以用钱计量的。

第五章　旋即成尘

辛酉政变

　　战火虽然仍在继续蔓延，清廷却在进行着一场宫廷政变。正是在咸丰十一年（1861），圣母太后慈禧在恭亲王奕䜣的帮助下，锄掉了一直视为眼中钉的八大臣，慈禧重又返回权力中心，指挥清王朝覆灭前的五十年历程。

　　咸丰帝逃奔热河之后，北京就交给了奕䜣一派，不过他自身在热河也未能安逸多久。辛酉年七月，咸丰帝患上大病，危在旦夕。在他自知命数已尽，难以维持几日时，便传见几位心腹大臣，要将大清重担交给他们。

　　他命令载垣、端华、景寿、肃顺、杜翰、匡源、穆荫、焦祐瀛等八人为顾命大臣，辅佐小皇帝把持朝政。而如果需要下谕旨的话，还规定必须取得两位太后的章印。

　　咸丰的临终安排，貌似天衣无缝，照顾到了八大臣与太后，但是有一人仍然心怀不满，那就是他儿时的玩伴恭亲王奕䜣。

　　奕䜣自小在各方面就卓尔不群，是本来该成为皇帝的皇子，然而却叫咸丰抢夺先机，登上了宝座。咸丰帝执政之后，着意疏离奕䜣，启用肃顺等异姓大臣。奕䜣被排挤在政治边缘，手中并未分配一点权力。

　　等到联军攻陷北京，咸丰还派奕䜣前去议和，这让奕䜣更为苦恼。之后，八大辅政大臣与奕䜣集团也不断交恶，后来成为势不两立的两股势力。

　　咸丰去世后，慈禧太后和奕䜣强强联手，共同打击八大臣势力，原本的局面被打破，三股势力缩减为两股势力，八大臣自命不保，难以抵抗最终倒台。

咸丰帝辞世半个月后，奕䜣忽然跑到热河行宫，无视八大臣的阻拦，便要在咸丰陵前哭他，他并非默然无声地哭泣，而是号啕大哭，哭声仿佛要让人们为之震惊似的。就在这次哭灵后，慈禧太后传密旨召见奕䜣，二人相谈了约两个时辰。

正是这次密会，让慈禧和奕䜣确立了相同战线，商讨回京后倒戈八大臣。

原本慈禧与奕䜣的计划对外界实行严密封锁，但是有一日，悖亲王奕谅、肃顺以及奕䜣等人共同飨宴时，奕谅突然提起肃顺的长辫子，向他怒吼道："有人要置你于死地啊！"

但是，肃顺听后并未当真，还回答说："请杀，请杀！"

奕䜣自热河离开后，便匆忙奔至北京，笼络在当地驻扎的京、津军队，组织起武装力量，准备好了政变的军事基础。是年九月末，小皇帝同两位太后一同起驾回京，在途中，慈禧按计划提出自行回京的要求，之后携皇帝从小路回京。

八大臣也被迫分离，肃顺一人护送梓宫在大路上走，其他七位大臣则随皇帝上了小路。

抵京后，慈禧就安排好了夺政事宜，准备先接触肃顺等人的职务，再将其问罪。

次日一早，慈禧解除了八大臣的职位，还派人立即抓捕了七位大臣，肃顺还未护送梓宫抵京，就在中途被抓。没过多久，慈禧就发布通告，要将肃顺斩首，还赐载垣、端华等人自尽，剩下的五人则被发配边疆。

政变发生之前，满朝百官就请慈禧"亲理朝政"，而慈禧本意即是如此。得到大臣们的拥护后，慈禧便着手让下臣们拟定"垂帘章程"。之后，将原本的"祺祥"年号废除，改为"同治"，还将恭亲王奕䜣封任为议政王、领班军机大臣。

公元1862年，慈禧垂帘听政，辛酉政变成功施行，自此清廷的最后五十年都在慈禧的执政下度过。

局势分析

咸丰帝在热河病逝前，曾下诏书命令由顾命八大臣处理朝政。如果要下谕旨还要加盖两太后图章方才可以发布，这就确定了顾命大臣与皇太后共同辅政的政治体制。

虽然这样的做法在一定程度上保全了皇权的集中，但是同样也存在着很大的弊端。它忽视了另外一个政治集团就是恭亲王奕䜣集团。

奕䜣是洋务派的领导者，他在咸丰当政时期并不受重视，长期被闲置不用。不过，奕䜣与那些纨绔子弟不同，他是一个拥有谋略和见识的人，他虽然表面上无所事事，但是私底下却在积极培植自己的势力。

辛酉政变前，他刚好被留守京师处理议和善后的事宜。咸丰病逝以后，辅政大臣中虽然没有奕䜣，他也感到非常气愤，便暗中秘密联合了慈禧、慈安两宫太后，决定联手发动政变。

奕䜣在与慈禧密谈后，立即回到京城，加紧实施政变计划。奕䜣先是让自己的七弟醇郡王奕譞掌握北京的军队，奕譞此人不仅是奕䜣的弟弟，同时也是慈禧太后的妹夫。这样的关系掌握军队更加可靠，对奕䜣和慈禧来说都有保证。

军权在握后，慈禧先带着小皇帝回到京城，留下八位辅政大臣陪着咸丰的灵柩回京。先期回朝的慈禧一回到京城后，就发动了辛酉政变。

说点局外事

辛酉政变后，慈禧终于实现了她的政治愿望，她与慈安一同垂帘听政，更加的接近了清朝的权力中心。可是即便如此，也并不能说明她们是合格的政客。虽然她们手里有了一些权利，可是毕竟她们长期处在后宫之中，所接触到的也无非时一些后宫女人们的争斗，再大了说也就是朝堂上的芝麻蒜皮的事情，真正地走到政治核心后，她们发现自身都非常缺乏政治经验。

她们面对清政府的内忧外患，心有余而力不足。不过，好在两人还能够齐心协力、同心同德的共同治理国家。两人比较起来，慈禧显然要比慈安更具有政治家的特质，慈禧虽然没有上过学，但她才思敏捷，对一切问题常常有自己的独到看法。在与大臣们商讨政务时，也能够侃侃而谈，杀伐果断。看到慈禧的表现，一心想过安静日子的慈安就主动把所有的事情都推给了慈禧一人主持，自己乐得清闲自在。

慈安交权后，慈禧起初还很尊重她，有什么大事还会通知一声。可是，随着慈禧的权力越来越大，她渐渐地对慈安表露不满，愈来愈针锋相对。慈安虽然看起来随和，但作为曾经统领后宫的皇后，现今的太后，她虽不愿处理政事，但这并不代表着别人可以挑衅她的尊严，那边辅政大臣刚解决，这边两宫又开始了明争暗斗。不过，结果显而易见，慈安并不是慈禧的对手，几次遭遇战皆败下阵来，最终，在光绪七年（1881）四月七日突然去世。

对于慈安的死因，直到今天仍然是个未解之谜。人们对她的突然死亡，感到震惊，调查一番后无果，只能不了了之。不管慈安太后是因何而死，总之，她的去世进一步加强了慈禧在清政府中的统治地位。

太平天国起义

道光三十年十二月初十日（1851年1月11日），洪秀全在广西桂平县金田村率众起义，建国号"太平天国"。咸丰三年（1853）二月二十日，太平军占领南京，洪秀全进入南京城，宣布改南京为天京，定都天京。太平天国建立了与清王朝相对峙的农民革命政权。太平天国定都天京后，为了巩固和发展胜利成果，进行了北伐和西征。

北伐军由于孤军远征，无力抵挡清军，最终失败。为了控制长江中游，确保天京安全，洪秀全又派兵西征，太平军攻占了安徽、江西、湖南、湖北的广大地区。咸丰六年（1856）上半年，太平军又在天京外围展开了激烈的破围战，先后击破了江北大营和江南大营，在军事上达到全盛。之后，为巩固政权，太平天国制定并颁布了《天朝田亩制度》，提出了"凡天下田，天下人同耕"的原则，试图建立一个"有田同耕，有饭同食，有衣同穿，有钱同使，无处不均匀，无人不饱暖"的理想社会。

正当太平军在西征战场取得胜利之时，太平军的最高领导层发生权力斗

争，爆发"天京事变"。"天京事变"使太平军元气大伤，并丧失了乘胜歼灭敌人的有利时机，是太平天国由盛入衰的转折点。事变发生后，清军乘机反扑，攻占了长江中下游许多地方，重建江南、江北大营，围困天京。

同治三年（1864）四月二十七日，洪秀全病逝。六月十六日，湘军挖掘地道，用火药轰塌城墙，经过激烈巷战，天京陷落，大部分太平军将士壮烈牺牲，少数人突围。幼天王和洪仁玕在江西被俘，英勇就义。李秀成在天京突围时被俘，被曾国藩杀死。太平军余部转战大江南北，一直奋战到同治七年（1868）。中国历史上这场空前规模的太平天国农民战争，前后奋战14年，威震全中国，最终在清政府的镇压下以失败告终。

太平天国是中国封建社会农民起义的最高峰，它提出的革命纲领虽然未能付诸实施，但在一定程度上却打击了清王朝，迫使清廷在政治层面做了很多改变，进一步削弱了中央集权。这无疑是当时内忧外患环境之下中国探寻出路的一种尝试。

局势分析

在光绪登基前，咸丰时期就已经有众多暴乱发生。当时咸丰面对的"外患"是英法联军的入侵，而"内忧"便是太平天国的起义运动。

道光三十年（1850），奕𬣞正式称帝，改国号为咸丰。在洪秀全三十八岁那年，也就是公元1851年，他所集结的军队在广西桂平县金田村揭竿起义，建号"太平天国"。

很快太平军的战火便成燎原之势，迅速攻下永安城。咸丰二年（1852），强势的太平军攻陷武汉。

太平起义可以用势如破竹形容，在接下来的一年里，九江、安庆等地被接连攻克，南京亦成为其囊中之物，后太平军将其改名为天京。

同治三年（1864），清军又再度夺回天京，太平军奋战两年的成果被毁于一旦。这场战火共在十四个省份蔓延，总时长达十四年，并以摧枯拉朽之势加速了清朝政府的灭亡。

回顾清朝统一华夏后，在中原地区有三次大规模的战争：第一次是康熙朝的吴三桂叛乱，第二次是嘉庆朝的白莲教民变，第三次则是咸、同两朝的太平天国起义。太平天国运动时间之长、地区之广、规模之大、耗银之多、死人之众、影响之深，成为整个清朝中原战争之最。

说点局外事

太平军来势汹汹，声势巨大，全国各地皆被影响。湖南的政局也出现动荡，许多不满地方官员压迫和地主豪绅盘剥的农民趁机起来响应太平军，局势愈发紧张。看到湖南的形势如此严峻，作为领军之一的曾国藩认为时刻都有爆发大规模起义的危险，就断然的采取铁腕镇压政策。

他一方面鼓励乡绅捕杀和抓获本乡、本族之敢于反抗之民，这些人轻则治以家刑，重则被杀死。此言一出，各地的土豪劣绅可是奉为圣旨，本来他们平时就喜欢欺压良善，有了圣旨后更是为所欲为，迫害良民。

另一方面，曾国藩还在团练大臣公馆直接设立审案局。审案局是除了司法部门之外可以随意捕人、审讯、杀人的机构。因为审案局的用刑极其严苛残酷，凡被抓入的审讯者，很少有生还者。据曾国藩自己奏称，截止到咸丰三年（1853）六月，仅仅四个月的时间，审案局就直接杀人一百三十七名。

咸丰皇帝为此还对曾国藩大加赞赏，对他的做法也给予肯定。虽然，政府高层对他给予了肯定，但是广大的老百姓和社会舆论却在激烈地抨击曾国藩的屠杀政策，什么"曾剃头""曾屠户"之类的名号传遍整个湘省。

虽然曾国藩得到了许多的骂名，可是对于清朝政府而言，只要曾国藩带着他培养起来的湘军能够将太平天国起义镇压下去，挽救清王朝即将覆亡的命运，就是大功一件。之后，有了曾国藩的保驾护航，清王朝走向了所谓的"同治中兴"，曾国藩也赢得了"中兴第一名臣"的美誉。

曾国藩能够与太平军相抗衡，可见其军事才能也非同一般。他能够从一介儒生投身戎马，从襄办团练开始，最后练就了近代中国第一支兵为将有的军队，再把声势浩大的太平天国起义镇压下去，也确乎有值得赞赏的地方。

洋务运动

清朝末期，国家日益衰退，因为鸦片而开启的战事一波又一波，政府有心而无力，无奈放任国家沦为半殖民地半封建的地步。同时，清廷内部与国外的交流不断加强，国外的先进思想也进入清廷。

在率先接触国外先进思想的这批人中，宫廷大臣是最具有优势的人群，他们因权高位重的地位和对洋务的提倡组成一个派别，名为洋务派。洋务也就是指一系列同外国资本主义相联系的事务，包括政治、经济、文化、外交、军事等各方面。

光绪年间，洋务派又分为宫廷和地方两个派别，宫廷内部以恭亲王奕䜣、大臣文祥等人为核心，他们手握实权，能运筹于帷幄之中。而地方上的代表则是曾国藩、李鸿章、左宗棠、张之洞等才高八斗的大臣们。

在与英国政府间的战争接连失败后，这些亲自参与过战争，目睹国外"船坚利炮"的大臣们都深刻地了解到，唯有向西方学习先进的技术，才能让中国真正强大起来。因而，在他们的提倡与实践下，一场为期数十年的洋务运动揭开了帷幕。

洋务派的主体思想是"中学为体，西学为用"，在他们看来，西方的科学技术固然先进，但是政治体制未必具有中国的高度，因而他们所提倡的是在中方的体制上使用西方的先进技术。同时，因为洋务派的成员大多为封疆大吏或是皇亲贵族，所以维护清廷的部分要更多些，他们学习西方的目的便是为了稳固清朝统治，或是维护自身利益而出发。

洋务运动共分为前后两个阶段，分别以"自强"与"求富"为口号，展现了运动不同阶段中的不同发展。

前一阶段自十九世纪六十年代开始，以"自强"为旗帜，学习西方国家的技术，制造出先进的枪炮和舰队，并开办了四个规模巨大的军工厂，它们分别是：

第一，江南制造总局。该局以生产枪炮弹药、水雷和小型舰船为主，局中还设有译书馆，可翻译西文书籍。

第二，金陵机器局。公元1865年，也就是同治四年，李鸿章将位于苏州的洋炮局迁往南京，并将其改建扩大成金陵机器局。该局以火炮、枪支为主要生产物品，是淮系军阀的军火来源地。

第三，福州船政局。由左宗棠所创办，在福州闽江马尾山下建成，又被称为马尾造船厂。在洋务派建造的轮船修造厂中，是规模最大、设备最齐的，共花费约四十七万两银两。

同样，这间厂子不仅出产硬件物体，还负责培养国家的软件设施，那就是人才，在该局设有船政学堂，教授英语、法语、算法以及绘画等科目，其中着重培养轮船方面的人才。

第四，天津机器局。公元1867年，由大臣崇厚在天津创办。他从国外购入机器，以制造火药为主，邀英国人密妥士担任总管负责监督及培训。过了三年，李鸿章从崇厚手中接过该厂，招收洋匠，在原有基础上进一步扩大规模。天津机器局以弹药、水雷、炮架、洋枪等为主要生产品。

上述企业均由官方进行创办，属国家所有，被湘、淮系等军阀牢牢地攥在手中，是商民所难以插手的企业。

十九世纪七十年代之后的二十年里，洋务派在前一阶段的基础上，提出以"求富"为下一阶段的主体目标。

在这一阶段，民用工厂如雨后春笋般出现，商民的春天终于繁盛了一段时间。在这一阶段创办的约二十多家企业中，涉及的行业有运输、采矿、纺织、冶炼等各个相互迥异的工种。

在其中规模较大的公司有：

第一，上海轮船招商局。这是我国近代第一家轮船航运公司。由李鸿章在公元1872年于上海创办。截止到光绪三年，该局船只数量已达三十艘左右，在各港湾共设有二十七处支局，是当时最具发展力的民用企业。

第二，开平矿务局。在公元1878年，也就是光绪四年，由李鸿章在天津建立。

起初该局是官方创办的矿务局，由唐廷枢所管理，后来因为财政拮据，只好让商人接收协助管理。光绪七年，该厂采出第一筐黑煤，此后每日都能铲出约五百到六百吨煤。

该厂因设备精良，煤矿资源丰富，产量日益增长，为天津机器局、北洋海军、轮船招商局等各地区供应用煤之外，还进入了千家万户的灶炉内，在当时有效遏制了洋煤的进口。

第三，上海机器织布局。光绪八年（1882），李鸿章在上海用筹集来的商股进行创办。它的意义在于是中国史无前例的第一家机器棉纺织厂。从创办到进入运营，期间共使用了约六年的时间。

上海机器织布局的所有纺织机械均从英、美两国购进，其中轧花、纺纱、织布等全套设备应有尽有，另外还有三万五千枚纺锭、五百三十台布机。

织布局开始投产后日进斗金，经营良好。很不幸的是，光绪十九年（1893）的一把大火将该厂烧毁殆尽。很快，李鸿章又募集资金重建该厂，并仍然由民间经营。

第三，电报总局。该局最初创办是因为军事需要，光绪五年（1879），李鸿章试着在大沽炮台与天津间设立电报，成效斐然，遂在次年，李鸿章派盛宣怀任总办，负责刚创办的天津电报局。

光绪七年（1881），天津至上海的线路也成功铺设完毕，刷新了我国通信线路的最高长度。

另外，全国各地共设立了七个支局，光绪八年（1882）和十年（1884），南京至上海、武汉的线路也陆续修造完成。光绪年间国库匮乏，财政一度陷入亏空状态，因而虽有大量好的计划有待投产，但仍需民间资金的补助，遂渐渐变成商办的企业。

第四，铁路交通运输业。光绪执政初期，中国第一条铁路开始修建，不过并非由中国人亲自设计建造，而是由英国人全权操盘建成，线路起于上海终于吴淞，全长达三十六华里。

后来由于发生轧人事故，因而停止运行，在这项突发性事件中，李鸿章亲赴沪上与英国方面谈判，最终却支付了二十八万白银收回了铁路与火车。后来，这些破铜烂铁被抛入海底，全部腐烂掉了。

光绪六年（1880），唐山至胥各庄的铁路投入运营，这条线路由开平矿务局为运煤所专门修筑，线路不长仅有十一公里，不过它是我国自主修建的第一条铁路。

此后，这条铁路还延伸至天津一带，并从起点唐山一直修建到了山海关。

光绪十三年（1887），台湾也有了铁路的出现，那是从基隆至台北的一段线路，后期还修建至新竹。

　　除了上述民间企业之外，洋务派还修建有黑龙江漠河金矿、兰州机器织呢局、汉阳铁厂、台湾基隆煤矿、湖北织布局等民用企业。

　　洋务派经营企业的方式多种多样，主要以官办、官商合办、官督商办等三样形式，并且又以官督商办为最常用形式。其背后原因当然是财政亏空所致，故只能筹集民间款项以维持企业的急需运转。并且商人们往往在商场打拼时，需要官方作为庇荫，因而两方的结合是自取所需，互为倚靠。类似的近代企业在十九世纪七十至八十年代间广泛盛行。不过在八十年代，被官商合办的形式推下商潮尖端。

　　官商合办的形式，即官方与商人各占一定份额，并且都有管理的权利和责任，企业也需要在共同经营下完成。不过，毕竟没有西方先进的管理模式，官商合办的企业滋生了众多棘手的问题，政府的直接插手让企业的发展遭遇了极大的障碍。

　　洋务派在兴办军工、民用企业的同时，还进行了筹建海军、加强海防、设立外文学馆、派遣留学生等洋务活动。

　　洋务运动中，洋务派除了积极创办军事工业、民用企业之外，也创建了一些外文学馆，并筹建了"三洋"海军，为我国海上防御事业加固了堡垒。

　　光绪元年（1875），李鸿章奏请皇帝建设海上军团的事宜，后来"三洋"海军，即北洋、南洋、粤洋三支海军相继成立。截止光绪十年（1884），"三洋"海军已有了一定的规模。

　　洋务运动中还有一项不能忽视的贡献便是各类学馆的设立，以及派遣学生留洋的事迹。各种学馆、学堂的设立都是为了能够培养多一些外语熟练、精通洋务的人才。

　　咸丰十一年（1861），恭亲王奕䜣出面创办了京师同文馆，次年正式招收学员，学业以西洋语为主，并兼授天文、历史和数理化等内容。

　　后来，上海、广州等地也陆续出现了相似的学堂。光绪六年（1880），由李鸿章创建的天津水师学堂成立。水师学堂的学生涉猎广泛，所学内容从天文地理到几何代数，自平弧三角至驾驶御风，以及测量、演放鱼雷等都有所教授，都是十分具有实用性的知识。

管轮学堂里的学生所学内容倾向于工业知识，例如物力汽理、机器画法、机器实艺、修造鱼雷、三角代数、算学几何等各方面的课程。

光绪十一年（1885），李鸿章又再度设立了天津武备学堂，旨在培养一批精英部队，为此还专门邀请德国军官李宝担任教练，训练士兵的各项作战能力。

局势分析

随着国外资本主义势力的不断入侵，清廷的财政收入一落千丈，许多不平等的条约带来了更为严峻的状况，公元1841年之后签订的《英法洋款》《英德洋款》等条约，规定的赔偿金额就达到了六亿两之多。

外国殖民者无情的压榨让中国失去了自主执政的权利，许多铁路、开矿的权益被掠夺，关税也遭到了列强的控制。不仅如此，列强还攫取了中国政治与经济的命脉。

自从外国势力入侵中国，国内的抗议运动就未曾停歇过，民众对清廷单方面的反抗转换成为对清廷以及侵略者的双重抗议。公元1851年，洪秀全所组织的起义运动在广西金田发动，以"清妖"代替"清朝"，足见其怨恨之深。

光绪年间，起义运动在各地爆发，他们以"打富济贫""反洋教"为口号召集民众，此后劳苦百姓们抗捐抗税的斗争遍布华夏大地，特别以长江流域各省份为主，同时反洋教的斗争此起彼伏，掀起了一波又一波的浪潮。

这当中，四川余栋臣发布檄文斥责国外殖民者的无耻行径，并带兵抗击清军，所波及的州县数量多达三十多个。

在外忧内患的状况下，清廷也自觉末路将近，感到世界的变化远远超出了想象，遂开始支持一部分大臣经办外务，向西洋派遣留学生等都给予一定的资助。

在光绪时期以前，咸丰、同治年间就已出现了大量官督商办的企业，不过都以军事工厂为主。中国的资本主义开始萌芽，一些商人、地主、官僚率先创办企业，成为头批资本家部队。

然而，毕竟接触西方先进文化的人少之又少，并且集中在外交官或是留学生群体中，想要借助西方科技解除民族危机，希望显得非常渺茫。

说点局外事

洋务运动前前后后持续了三十多年，因中日甲午战役的失败而随之结束。在此次战役中，李鸿章曾引以为豪的北洋舰队，亦被全部击溃。正是因为清廷的守旧政策，才让中日甲午战争中舰队无法出海，最终被围堵在威海卫埋葬于深海。

甲午战役结束以后，洋务运动并非就结束了，它的军工企业仍在延续，只是重点转向建设铁路、编练新军、设立学馆等方面而已。

洋务运动的新阶段自此降临。

中日签订的《马关条约》像一块甜腻的蛋糕，引得众苍蝇前来叮咬，列强们均要中国给予同等的待遇，纷纷提出"利益均沾"的特权。他们在华设厂，霸占铁路，并投资建厂，这一系列资本输出的形式，使得中国的经济命脉与财政都被列强扼住了喉咙。

这些都加剧了列强与中国间的矛盾，刺激了社会各阶层群众的神经，他们纷纷举起抗击侵略者的旗帜，要求将开采矿藏的权利掌握在手。与此同时，朝中元老大臣们也都呈递奏折，提供自主发展的政策。

后来，清政府将其统一编辑成册，向天下广而告之。所有的一切，都为洋务运动的发展提供了良好的环境。

面对中国国内不断兴盛的民族资本主义，外国列强采取了压制的政策，无论是洋务派的企业或是商民独自承办的公司均受到排挤和打压。在这段时间，洋务派官方承办的企业因资金缺乏而不得不向民间筹募股份，从而实现了官督民办企业盛行的景况，并且洋务企业与民间企业相互扶持，相互合作，共同促进了市场的发展。特别是在铁路、电报、轮船、矿冶等方面表现得尤为醒目。另外，洋务派还培养出大量的精英士兵。虽说后期维新革命盖住了洋务运动的浪潮，可是洋务运动却并未因此止步，它依然在继续前行。

甲午战争

　　光绪二十年（1894），中日黄海战役正式爆发，两国海军在大东沟展开激烈战斗，这场战役是决定中日甲午战争胜负的重要一战。在这场战役中，清廷未能战胜日本，反倒签订了丧权辱国的《马关条约》。至此，中国辽东半岛尽数划分给了日本。

　　也正是在黄海战役爆发的这一年，朝鲜的东学党发起农民起义，为了帮助朝鲜政府进行镇压，清廷受邀出兵赶赴朝鲜。而日本却也要为朝鲜提供一臂之力，借此机会趁火打劫，以达到殖民朝鲜的目的。

　　事实上，在中日两国士兵正在征途上有序前行时，朝鲜传来政府与东学党起义军已达成共识的消息，并且休战和约也早就签订完毕，也就是说清廷和日本自可折返回乡，不必抵朝。

　　春天出发的清军，自六月初起撤兵回国，然而日军却依然没有撤退的迹象。日军为了增添事端，强逼朝鲜与中国断绝贸易往来，还要清军尽数撤离朝鲜。在清军还未来得及防备时，日军便发动了突然袭击，使丰岛海域的清军舰队遭受重创。

　　中国船只"高升"号被不幸击沉，另一边日本陆军开始进攻牙山附近的清军，中日战役自此正式打响，日本侵略对华战役也宣告开启。七月初一，中日两国相互宣战，这是中日两国的第一次战役，也是甲午战争的关键一役。

　　是年中秋节，日本士兵向驻平壤清军发起围攻，叶志超作为一军统帅作战指挥均不在行，最后清军陷入了被伏击的惨况，导致军队死伤不少。这场战役过后，日军为了打击北洋舰队，便在威海卫一带搜寻其踪迹。

　　八月十七日，完全被蒙在鼓里的北洋舰队，在未收到平壤清军被日兵围剿的消息的同时，驶出威海基地，还要向平壤载送援军。

　　次日一早，日本舰队就出现在北洋舰队的视线里，惊觉不妙的丁汝昌作为提督马上调集水兵，指挥舰队提升航速，以双纵队向敌军迎去。丁汝昌作战有序、有条不紊，"定远""镇远"等铁甲舰在中间行驶，"致远""靖远""广甲""济远"等巡洋舰为左翼，而"来远""经远""超勇""扬威"等巡洋舰为右翼，每个舰队都必须统一步调，协同互助。

时间到了正午，居中的舰队"定远"号率先出击，日舰却刻意忽视"定远"号的挑衅，加快速度向较弱小的"超勇""扬威"等右舰冲去，这两只军舰虽说成为主攻目标，但却依然誓死顽抗，用炮火杀伤了多名日军。

然而因为敌军弹药充足，"超勇""扬威"号不堪重负，很快便败下阵来。"超勇"号在猛烈炮火的袭击下，沉船淹没。"扬威"号则还未参加便在沙滩搁浅，只能任人袭击。

而就在此时，主力舰队"定远"不幸坠落飞桥，正在紧急指挥的丁汝昌跌落受伤。然而，北洋舰队在此时还仍处于优势状态，日军舰队被分隔开来，落后的四艘日军舰队也被北洋舰队击垮。

等到日军舰队调整战略，一部分舰队绕道清军后方时，日军便占领了上风，北洋舰队开始进入前后夹击的险境。

正是十万火急之时，邓世昌率"致远"舰打破阵形，冲向敌舰，去为"定远"号保驾护航。在与敌军激战中，因为弹药储备不足，很快便处于劣势，被敌舰炮弹击中后军舰倾斜，邓世昌不顾船只沉没的危险，用尽最后的气力向日军"吉野"号冲去。"吉野"号匆忙闪离，后以鱼雷击沉"致远"号，邓世昌亦随船沉没海底，在"致远"上的两百多名士兵中仅有二十七人生还。

左翼舰队"济远"号，在"致远"沉没后，在管带方伯谦的率领下匆忙逃窜，于慌乱中撞上"扬威"号，并使其沉没。另一位管带林永升率军奋战，终因敌军势力太过强大，败阵而逃，途中中炮而亡。

"定远"号在丁汝昌牺牲后，由刘步蟾继续率领参战，给予日舰严重摧毁。北洋舰队在"靖远""来远"号和多艘鱼雷艇的援助下犹如重获新生，日舰转而向东南逃窜，在随后追驶有十海里以后，全部撤至旅顺港。整整花费了五个小时的黄海大战至此宣告结束。

在黄海一战后，北洋舰队损失惨重，不仅有五艘舰队被敌军击沉，还有邓世昌、林永升等管带阵亡，伤亡官兵有八百人左右。日本舰队受损程度较为轻微，虽然也有五艘舰队损伤严重，但却并未沉船。后来，北洋舰队在李鸿章的指令下踞守威海卫基地，不再出征迎战，成为一群废铜烂铁。

光绪二十年（1894）十二月至次年正月，日本再度侵略山东威海卫，中日又一次展开对战，而"忠诚"的北洋舰队并未出兵迎战，致使北洋舰队全

军覆没。威海卫一战，不仅使得清廷舰队损失殆尽，更让洋务运动宣告失败。

局势分析

日本在明治维新之后，国内军国主义当道，开始了急速扩张的道路，内阁当时还通过了所谓的"大陆政策"，意在侵略朝鲜和中国，同时抓紧武器装备的扩充，以备行动。

在公元1894年年初，朝鲜爆发东学党起义，国内混乱不堪，政府面临垮台的危险，朝鲜统治者无比惊恐，遣使去往清朝请求支援。清廷接到来信后，还在等待着正式的邀请函，这时候朝鲜起义军早已夺得政权，将农民政府堂而皇之地建立了起来。

日本政府在此前就对朝鲜窥视已久，想要借此机会出兵朝鲜，并挑起中日战端，一举攻入朝鲜和中国。四月末，朝鲜政府再度向清廷请愿，为了保卫邻国的封建统治，李鸿章随后派遣了军队援助朝鲜镇压内乱。

日本得知清廷即将派兵支援后，即可召开了战时大本营，在天皇的准许下，派遣混成旅团向朝鲜进发。当日，日本的水师部队也在赶赴朝鲜，总之，日本派出了水、陆两军，做好了作战准备。

在中日两国的军队进入朝鲜境内以后，内乱早已平息，为了让日本尽快撤军，朝方向清军致意，让清政府率先撤退，在当天，李鸿章便命叶志超带兵回国。清廷临走时，建议日军一同撤离，却遭到了日方的严词拒绝。

日本政府还拟定了朝鲜内政改革案，单方面侵入朝鲜内政，另向朝鲜继续派兵。

六月十日，日方向清廷宣告：此后朝鲜一切事宜均由清政府负责。并向陆军首领写信说道："促成中日冲突，实乃当务之急，为实行此事，可以采取任何手段。"

之后，日军便展开了一系列侵扰驻朝清军的机会，另外，日军还密谋围攻朝鲜王宫，并劫持朝鲜国王。没过多久，日军果真入侵了朝鲜王宫，在宫内肆意妄为、毁坏宝物，国王李熙亦被劫走，要挟朝方驱逐牙山清军。

就在日军入侵牙山以前，清军便在丰岛遭遇了日军，二军正式交锋，并掀起了一系列的中日战役。

说点局外事

甲午战役结束后，清廷委派李鸿章出席谈判会，与日方商议和解事宜。光绪二十一年（1895），李鸿章和伊藤博文签署了中日《马关条约》，内容包括：割让辽东半岛、台湾全岛及其附属岛屿和澎湖列岛给日本；赔偿日本军费两亿两；开放沙市、重庆、苏州、杭州为商埠，日船可以自由出入以上各港口等。

《马关条约》的签署，让中国失去了整个辽东半岛的同时，还触及了沙俄在中国的利益，于是《马关条约》签订后不久，以沙俄为首的列强便介入其中，要求日本归还中国辽东半岛，这便是史上"三国干涉还辽"的来源。

日本在归还辽东半岛以后，清廷已三千万的"赎辽费"作为赎金，俄国如愿以偿保住了在华权益，这也埋下了中俄在日后开战的导火索。

《马关条约》的签订给清廷带来了不小的影响，放眼看世界的人士开始为中国找寻新出口。他们开始意识到，要使中国真正地独立，摆脱列强的控制，就不单单要学习西方的军备技术，还要进行政治体系的改革。这不得不说是我国知识分子的一大进步。

戊戌变法

中日甲午战争失败后，中国一批倡导维新的知识分子开始崛起，他们以康有为、梁启超为代表，以光绪帝为扶持或靠山，发起了一次维新运动。光绪二十四年（1898），在维新派的影响下光绪帝颁发了"明定国是"诏书，决定在全国实行新政。

在变法萌芽初期，垂帘听政的慈禧也并未多加管束，又加上当时列强与民众的压力，让她不得不给予一定的支持。不过，慈禧掌握实权的目标却并未改变。

早在光绪帝年仅四岁的时候，慈禧就为了便于"扶持"，选择他继承皇位。

眼见着自己亲手培育的人，如今越发想要"弃她于不顾"，而且想要独立的念头越加强烈，这不得不让慈禧暗暗着急。

光绪帝还让谭嗣同等四人谋得军机要位，让他们在军机处行事，好在紧急时刻便能向他们询问，或是让他们去执行，最重要的是可以避开慈禧的耳目。同时，光绪帝加紧了掌政的脚步，开始下手改革朝政，撤除守旧官员，扶持了大量维新派的革命人士。

慈禧面对光绪帝的作为也不免感到焦虑，为了保住大权，在光绪颁布"明定国是"诏书的第四天，慈禧便下令罢黜了他的先生，也是光绪背后最得力的大臣翁同龢。并且，还进一步抓紧军机大权，安排亲信荣禄担任直隶总督，赋予他京畿一带的军权。

新旧势力开始不断产生分歧，矛盾日渐激烈化。五月初二，总理衙门大臣许应骙被维新派宋伯鲁、杨深秀等人弹劾，指控他阻挠新政的发展。康有为也被许应骙攻击，诬陷他妖言惑众，并上奏朝廷将他驱逐回籍。时隔没多久，大臣文悌也将矛头指向了康有为等人。

光绪帝面对朝臣们一致的反对，他采取了激烈压制的策略，用皇帝的身份隔出了许应骙、文悌等人的官职。瞬间，朝廷文武百官人人皆惶恐不已，跪求慈禧给他们一条活路。不仅朝内波涛翻涌，就连省外人士也表达了对运动的不满。

眼见着革命的成果将遭受重创，在生死关头，康、梁二人想到借助袁世凯的力量，倒戈清朝旧有政体。

袁世凯军事实力雄厚，曾在朝鲜驻兵过，对国内外形势也算了解，因此对新体制也并不反对。在真正拉拢袁世凯前，康、梁二人也曾对他进行试探，随后光绪帝专门会见袁世凯，为他加官晋爵，还让他专门训练军队。

光绪帝越加大胆的行为，引起了慈禧的怀疑和反感。

为了运动的加速推行，光绪帝再度向慈禧提出了新的要求，那就是开懋勤殿，不过这次慈禧并未准许，光绪帝顿感路途已尽。果然在次日，光绪帝为掩人耳目用密诏方式，向康有为等人传报："朕位且不能保，何况其他？"意思是叫他们赶快想应对措施。

八月初二，康有为接到光绪帝最后一封传讯，叫他"汝可迅速出外，不可迟延"，读罢密信，康、梁等人明白大事不好，便要带兵起义，解救光绪帝，让慈禧退位交权。

康有为等人派谭嗣同会见袁世凯，让他答应出兵解围，斩除荣禄，推翻旧制。袁世凯却支支吾吾，装疯卖傻，称军内弹药已绝，便拒绝了谭嗣同的请求。随后袁世凯便驱车前往天津，向荣禄全盘托出，并未遗留一丝一毫。

震惊不已的荣禄即刻下令封锁进京要道，还派重兵把守入京关口。

这日夜里，慈禧也获得了这一情报，整晚未眠，愤怒与震惊两相交织，再没想过亲手扶持的小皇帝竟然如此待她，况且素日里光绪帝也并非极有主见之人。等到天明，慈禧便从颐和园内疾速赶赴紫禁城，对光绪帝耳提面命了一番，随即将他囚禁于瀛台，派兵对他严加看守。

另外，慈禧还封锁了各个交通管塞，下令所有城门都关闭，并派遣三千精兵在全城搜捕维新派人士。

八月初九，梁启超启程赴日本，要谭嗣同一同前往，最终并未成行。谭嗣同日后流传甚广的一段话便是："各国的变法，无不是经过流血牺牲而成功的，而在中国从没听说过有为变法维新而流血的，这大概就是我们失败的原因吧。如果是这样，我谭嗣同愿意成为变法维新而流血牺牲的第一人！"

次日，谭嗣同被捕入狱，在监狱墙壁上，他曾题诗一首："望门投止思张俭，忍死须臾待杜根。我自横刀向天笑，去留肝胆两昆仑。"

八月十三日，慈禧下令斩除维新派人士，谭嗣同、杨锐、刘光第、林旭、杨深秀、康广仁六人在菜市口被杀害，他们也被称为"戊戌六君子"。在清除维新派余孽后，慈禧对朝政进行了一番大改革，政府内支持维新派的人士均被免职。戊戌变法中实行的改革，均被废除，仅剩京师大学堂被保留了下来。

戊戌变法还未开始便已结束，才不过运行了百日左右，因而戊戌变法又被称为"百日变法"。

局势分析

在守旧派强大势力的压迫下，维新派难以找到立足之地，又兼维新派是一批知识分子，仅想靠着一腔热血就要改革政体，实在是不切实际。

维新派人士找到的靠山是当朝皇帝光绪帝，然而这是位没有实权的皇帝，也同他们一样"手无缚鸡之力"，一样只能起到呼吁作用。不过，在革命初期，很多人也曾以为政变会成功，并以极大的热情投入了进去，结果发现那只不过是些梦幻泡影。

维新派是站在君主角度实行变革的，因此他们的实行原则与大众无甚关联，没有大众基础是他们惨败的原因之一。而仅仅依赖手无实权的皇帝的他们也万万没想到守旧派的顽固与强大，以及革命梦想破裂之迅速。

光绪帝在有限的执政时间中本想做一件维新改革的大事，殊不知他的一腔热血并未给他带来好运，他虽然在慈禧身旁长大，却并未完全听从她的指令生活，他是难得的，也是悲哀的。

而袁世凯的出尔反尔，对维新派来说也是致命的一击，他们误识了这位潜藏的反革命分子，最终招致杀身之祸。

说点局外事

光绪二十年"公车上书"在北京发生后，维新运动正式开启，虽说没有特别实质性的成果，但也让政坛掀起了不小的风波。光绪二十四年（1898），光绪帝实行"明定国是"诏令，在全国彻行新政。

然而，这场维持不过白天的新政因为慈禧皇太后的重新掌权，而不得不宣告失败，在这期间总共施行了约数十条诏书，史上称为"百日维新"。

新政提倡倡办新式企业、奖励发明创造；设铁路、矿务总局，修筑铁路，开采矿产；废除八股，改试策论，开设学校，提倡西学，以及裁汰冗员，削减旧军，重练海陆军等。

戊戌变法被慈禧带领的保守派压制，并未能彻底贯行，光绪帝还因此被囚禁，成了傀儡皇帝。不过维新运动并非靡靡之音，它的影响力依然在民间产生作用。后来，维新派借助西方社会思想理论，宣扬天赋人权、自由平等、社会进化等先进观念，以此向封建君权以及落后的纲常伦理提出挑战。

维新运动是一项文化革新运动，促进了中西方的交流，具有广泛的影响力，并在此后由改良迈向了革命。

八国联军侵华

光绪二十六年（1900），八个野蛮人从遥远的国度集结在中国，展开了一场史无前例的生杀掠劫，他们的目的只为了从贫弱的中国榨取最后一滴养分，便不惜一切代价踏上了亡命之徒的道路。

他们的名字是：大不列颠和爱尔兰联合王国、法兰西第三共和国、德意志帝国、俄罗斯帝国、美利坚合众国、日本帝国、意大利王国、奥匈帝国等八个国家。

当时清朝内部正起义不断，以义和团为首的运动也在如火如荼地进行着，八国联军就以镇压中国叛乱分子为借口，组建了一直联合远征军，人数共达三万左右，而后又上涨至五万有余。

光绪二十六（1900）年五月，驻扎天津的英国中将西摩统帅率先开启了对京津领域的劫掠。

六月十八日，八国联军部队攻克天津城。在短短几日内，城内面目全非，浓烟直冲上天，烈火在每个街道都在燃烧，城市如同火海，人们根本无处可躲。天津顿时成为地狱，随处可见尸体的横陈，腐烂味充斥着大街小巷，人们还未来得及逃离便被斩杀在路上。

八国联军以抢掠闻名，毫无顾忌地闯入民宅抢劫珍宝，抢掠的东西中，从金银、皮毛、丝绸、古玩文物，甚或猪羊鸡鸭无所不有，就连坟地里的陪葬品他们也丝毫没有放过。

七月初十，联军集合两万军队自天津启程，向北京出发。七月十九日，俄国参谋长带领一批先锋部队，由北京东便门发起攻击，率先闯入北京城。二十日，日本军队也赶了上来，在东直门外，用火炮打通了城门。

联军如洪水猛兽般的攻势令安卧于枕榻上的慈禧再难入眠。二十日，慈禧召集众臣商讨对策。二十一日清晨，天边刚泛出微光，天朝太后慈禧身着农妇服饰，与软禁中的光绪帝一同在数百名清军以及十几位大臣们的保护中，匆忙逃离紫禁城，出居庸关往太原方向奔去。

抵达太原后，慈禧等人又向西窜逃至西安。慈禧的出逃，让联军更不费周折地入侵紫禁城。为了抢掠珍宝，集体向皇宫进发，虽然受到义和团的抵

抗，却仍然顺利攻陷这最后一道堡垒，自此北京彻底陷落。

清廷统治者已潜逃，偌大个北京城并无军队管辖，贫穷无依的百姓们无处逃遁，只能死守房门，却也抵挡不了军队的火枪力炮。联军入侵北京城后，百姓们如置身地狱，各国军队无恶不作，烧杀劫掠、强抢民女，对他们来讲都成为惯用的把戏。

联军们皆表现出他们最贪婪、最无耻的那一面，对待大清子民就犹如最下等的人般对待，人性的丑恶在此时显露得淋漓尽致。"国破山河在，城春草木深"是杜甫当时描述祸乱的诗句，然而当时的景象，怕是连山河也为之动容，草木也要为之枯萎凋落的地步。

本来仅供皇亲国戚出入的宫殿，都成为联军横冲直撞的场地。在宽阔的太和殿前，联军也不禁慨叹专制政权的奢靡享受，颐和园等地的繁华让国外军队瞠目结舌。贪欲无限的军队，从字画、雕刻到各宫内的陈设皆抢夺一空，至今无法计算出总数为几何。

朝廷衙门也难逃一劫，日本人先占领了户部银库，将三百万的白银陆续拉运至日本使馆，随即抢掠了许多奇珍异宝。私人宅邸跟街边商行都没有逃过一劫。单单是礼亲王府中，劫走的银两就达到两百万之多，并且古玩珍宝也数不胜数，从中也可想到清廷的腐败与集权。

八国联军欣喜异常，犹如置身一片满是金银的宝地，除了抢掠也无甚可做，人们好似从刚刚从伊甸园中出走，全身的细胞都苏醒了过来，只顾着贪欲的蓬勃爆发，也忘记了人世间的束缚，癫狂状态达到了顶峰。所以说，当时的中国对他们来讲，简直就是一片"圣地"，一片除了宝藏之外，其他都有待开发的原始土地。

正是北京的沦陷，让慈禧太后加快了与八国议和的步伐。光绪二十七（1901）年七月二十五日，李鸿章与奕劻代表清廷与列国公使们签订了和解书，史称《辛丑条约》。这项条约的签订方有英、俄、德、法、日等十一国之多，签订这项条约意味着我国政治、经济、军事各方面的权益的丧失，也让中国完全沦为半殖民地半封建社会。

局势分析

八国联军入侵北京时，不仅联军军队参与烧杀抢掠等行为，就连各国公馆成员也都参与其中。所谓为传教而来的传教士们也都无恶不为，杀害百姓对他们来讲，无异于一顿家常便饭，丝毫无人性可言。北京城没有一处地方未经过联军的扫荡，他们的恶行昭昭，在中国人心中将成为永不可平复的创痕。更勿论百姓们的遭遇是如何悲惨，他们手无寸铁，家无万贯，无法逃离至西安，只好守在即将倾颓的屋檐下。

樊国梁作为天主教驻北京大主教，他所承认的抢掠金银数字为"二十万三千零四十七银两又五十枚"，仅一个统帅个人所抢掠的宝物就多达四十箱，日本入侵者自户部所取银两"其数在百万镑以上"。

除了掠夺财富，八国联军还不忘清除中华文明古代智慧的痕迹，他们卑劣的行径不能容忍这些美好事物的存在，于是他们便要毁灭，便要用一把火烧毁殆尽，方能一解心头之恨。据统计，所有"自元明以来之积蓄，上自典章文物，下至国宝奇珍，扫地遂尽"，因此失去的银两"已数十万万不止"。

不过，偌大个北京城，失去的岂止这一点点，文化、政治中心皆集中于此，珍贵文物以及古籍都被严重摧毁，资料档案更是无处可寻，长安门近处"满街破纸，皆印文公牍"。仅《永乐大典》一书，在二次鸦片战争时期，就被英法联军所劫掠，在八国联军入侵时，更是散佚了三百余册。

《清议报》在十月四日曾经报道过一个日本军人口中的北京惨状：只见高大的屋宇被烧得只剩下几个木柱；居民纷纷妻离子散，自己尚且不能自保，更不用说身边的财务了，只是任八国联军抢夺而已。光天化日之下，抢劫、杀人、强奸在街上随处可见，哪怕是书画、古董、马匹等都不能幸免，纷纷被这些侵略者带走，再高价出售给中国的商人。即使是白天，中国人也不敢外出行走，生怕厄运降临，引来杀身之祸。

高大巍峨的房宇宫殿在大火中仅燃烧至几根木柱之少，黄口小儿哭坐街头，父母们濒临崩溃，许多人泥菩萨过河自身难保，也顾不得什么身外之物，只是向外奔跑，留下给八国联军任意抢夺。

朗朗乾坤，光天化日下，八国联军抢劫杀淫事件四处可见，即使是书画、古董、马匹也未能幸存，全部被它们抢掠带走，然后以廉价转卖至各国。宽阔的街道，白日里根本无人行走，空空荡荡的一片，仅有孩子的啼哭声响彻天空。

光绪二十七年农历七月二十五日（1901年9月7日），清政府签署了史上最多赔款的《辛丑条约》，中国的半殖民地半封建社会性质自此已完全形成。

说点局外事

入侵紫禁城后，八国联军司令部开始就如何处理紫禁城发生了争论。有一种声音认为紫禁城大可不必攻入，以免群情激奋，滞延战争时间，也为了能够不激怒清政府，从而让割地赔款条约得以顺利进行。

然而，另一种声音更为强大，那便是竭力攻占紫禁城，毁坏这一神秘莫测的宫殿，让清朝政府及民众受到一次精神上的凌辱。在几度商讨之后，人们的贪欲战胜了理性，恶魔翘起了尾巴，毒蛇咬住了天使的脚踝，自此紫禁城便遭遇了史上最大浩劫。

为了庆贺联军攻陷北京，八国联军决定以阅兵的形式，使大清王朝蒙羞。

八月二十八日一大早，八国联军的阅兵式便在大清门前举行。联军中职务最高的俄国利涅维奇对部队进行了检阅，共有八百名日军、四百名美军、四百名英军、四百名法军、二百五十名德军、六十名意大利军以及六十名奥军参与阅兵式。但见八国旗帜飘扬，军队脸上露出胜利者的笑容，声乐齐鸣，给整个清王朝以沉重的羞辱和打击。

义和团运动

嘉庆元年（1796），白莲教起义在民间各处盛行，长达九年之久。并且在嘉庆十八年（1813），白莲教的下属派系天理教起义失败。随后几十年内，白莲教的分支仍然在民间继续活动，还保有着一定的生命力。后来这一民间秘密结社白莲教，组成了后来具有燎原之势的义和团运动。

白莲教下属体系中，包括了八卦教、红阳教及荣华教，他们在山东、直隶、河南、山西等地广泛盛行，并且以八卦教传播地域最为广泛。清朝曾严令禁止民间传习八卦教，并声称一旦捉拿便要以极刑处置。在官方的极端压制下，八卦教以拳术来作为自己外在的运行形态。

甲午战争爆发后，山东部分区域已经出现义和拳组织。战事结束不久，鲁南地域出现的大刀会，同义和拳也有着密不可分的联系。这种组织曾经历过"拳会""红拳会""义和拳会"等不同的阶段。其中参与义和拳的以农民和手工业者居多，他们在农闲时参与操练武术。

参与组织后，组员要经过极其特殊的仪式，练拳时徒弟要给师傅跪地叩头，并向南发誓，口中还会念念有词，身体也要随之运气。

这套仪式，也是师傅传授给徒弟的秘方，声称只要依照此类方法持续操练，就能练得"神拳"，而它的功能便是刀枪不入，任闯枪林弹雨，犹如神灵附体般无坚不摧。

义和拳并不实行严格的管理体制，上下关系也并非十分明确，一旦发生紧急状况，有号召力的村落就会联络邻村的义和拳约他们一起行动。鸦片战役发生前，义和拳便是如此运作，以劫富济贫的名号进行斗争。

鸦片战争结束后，外国殖民侵略者对中国的压榨日益加深，从而使得义和拳改换战斗目标，将国外侵略势力当作第一目标看待，而外国教会势力更是首当其冲的头号敌人。

反洋教斗争发起后，直到十九世纪末期，各地群众将反洋教与反帝国主义结合在一处，认定了反帝的共同目标，并快速融汇成一股巨大洪流，成为义和团运动的基础。

义和团运动的前身义和拳在山东创立，后来成长为横扫大半个华夏大地的运动，其实并非偶然。甲午战争爆发时，作为主要战场的山东曾遭受日本侵略者无情地践踏。战事过后，德国曾攻陷胶州湾，威海卫也曾被英国强租。之后，山东又被作为德国的侵华根据地，获得了修建胶济铁路的权利。

随着殖民者在中势力日益强大，传教士们的活动也逐渐扩大。据统计，在战后山东省内教堂就有一千处，外国传教士约三百人左右，教会凭借着招引和胁迫，共拥有了八万余名教徒，从而又转变为迫害中国大众的新兴势力。

清廷愚昧懦弱，以妥协于教会为手段，对大众施行零保护，偏袒教会的

同时压榨百姓。因此，在教会势力与清朝政府的双重压制下，山东人民只好自求平安，团结起来抵制压迫了。

光绪二十四年（1898）十月，义和拳在山东冠县首次起义，拉开了义和团运动的帷幕。直隶威县与冠县城北的梨园屯的交界处，曾有法国教会的教民与村民争地事件发生，当地玉皇庙基被征作教堂用地，并在 1897 年在庙基上修建教堂，引得"村人大哗，群起抗拒"。

村民们冲向教堂，将教堂毁于一旦，还逐出教徒，并要重修玉皇庙。村民们还特地请来当地梅花拳派首领赵三多前来相助，传教士们见情况急迫，便要求清廷予以镇压。巡抚张汝梅两方都不愿得罪，便采取两全的方式，一边弹压拳民，一边让清政府"将拳民列诸乡团之内，听其自卫身家，守望相助"。

光绪二十四年（1898）十月，以赵三多为首的冠县起义正式开启，提出了"助清灭洋"的口号，还将团名改称"义和团"。在攻克红桃园教堂期间，与清军进行多次博弈，队伍规模发展至千人左右。之后，义和团兵分两路，一路在直隶、鲁南交界区活动，由阎书勤率领，另一路则乘舟北上，将势力范围扩大至直隶中南部区域，由赵三多率领。

而在鲁西北一带，义和拳起义也在热烈地开展着，例如长清、茌平、高唐、禹城等各州县就是起义的集中地区，在朱红灯以及心诚和尚的带领下，他们当时主要的任务便是打击洋教。

义和团运动声势高涨的契机十分凑巧，事情发生在 1899 年秋日，以蒋楷为首的平原县教民，欺压当地拳民，由此引发了朱红灯和茌平攻进蒋楷的运动，后来这次进攻声势越发浩大，迅速在山东地区开始蔓延。

随着义和团的星星火势燃成一片火海，清廷才开始感到形势的严重，便让山东巡抚毓贤对运动加以镇压。森罗殿战役结束后，朱红灯又率众退回禹城、茌平等地。外国公使以毓贤压迫不力，要求清廷撤退其位。

因为迫于帝国主义的压力，清廷在十二月便撤换毓贤，将袁世凯封任为山东巡抚。

光绪二十五年（1899）十二月末期，袁世凯上任后，便立即打击义和团运动，并同时颁发了《严禁拳匪暂行章程》，还要"与诸军约云：如匪至即开炮，必不汝咎；若匪至不痛击，则将领以下概正法"。他勾结德国驻青岛侵略军，并扩充军事力量，在帝国主义的帮助下围剿拳民。

他们采用的战术都十分狡猾，例如"分别良莠""劝谕解散""惩办假团"等，让他们产生内部斗争后，再一一进行屠杀，因而有难以计数的义和拳民众死于他的刀下。

山东人民对袁世凯恨之入骨，厌恶他向列强谄媚的嘴脸，痛恨他剿灭义和团的罪恶行径，"皆有欲杀之势"，因而各处都流传着"杀了袁鼋蛋，我们好吃饭"的歌谣。袁世凯的肖像还曾被涂鸦在巡抚衙门的照壁上，不过是一个"红顶花翎之大龟，伏于洋人臀后"的图像，以展示他对洋人唯命是从的形象。

袁世凯的严厉镇压，给山东起义军带来了不小的影响，也让他们的运动计划受到阻碍，并未能扩展到更为广泛的领域，大部分军队还是留在山东地区运动。

局势分析

义和团在先前原本叫作义和拳，在山东、直隶附近活动，并在当地秘密建造会社。它一向作为清廷的叛乱分子遭遇围剿，在列强侵华后，更名为义和拳，并以"扶清灭洋"为团体口号，他们所针对的是帝国主义，而非封建王朝。

公元1900年，也就是光绪二十六年，义和团运动正式开启帷幕，各地民众纷纷参与其中，声势亦随之壮大，犹如秋日野火势不可逆，很快在神州大地上蔓延开来。

义和团运动如火如荼地开展，威胁到了西方列强的在华利益和特权，因此清廷受到了不小的来自西方的压力，命令他们尽快镇压义和团运动，还特别点出让袁世凯担任围剿总司令，负责率兵镇压义和团。

之后义和团还以帮助剿灭义和团为名趁机组成八国联军攻入中国，最终签订了《辛丑条约》。在义和团运动中，中华民族共有几十万人因战火而罹难。不过，八国侵入中国后，义和团运动终于认清了他们虚伪的嘴脸，他们无奈地总结出"瓜分一事，实为下策"的结论。

然而，义和团运动也有着明显的局限性，他们对待列强或是清王朝都过分极端，将抗敌入侵与学习西方先进事物看作是不能妥协的同一件事，口号"灭除洋人，歼灭洋教"也是十分的笼统且模糊，是在提倡人们"仇洋灭教"。

因为封建思想的根深蒂固，致使义和团群众也被无形的洗脑，围绕着皇权主义打转，却将国家与朝廷混为一谈，对大清王朝进行保护，因此他们服务于封建统治阶级，还被他们欺骗、利用甚或奴役。

说点局外事

光绪帝发动戊戌变法时，山东爆发了义和团运动，慈禧忙着围剿义和团，就暂时把光绪帝放在了一边，让光绪帝得以喘息。

义和团提出了"扶清灭洋"的口号，深受迫害的广大劳苦大众纷纷响应。一时间竟酿成全国之势。而与此同时，帝国主义侵略的脚步也进一步加快加深，慈禧开始感到惧怕。慈禧一面大肆镇压义和团，又一面利用义和团来阻挡外来的侵略者。

八国联军以无可抵挡之势由大沽登陆以后，迅速占领天津。之后，八国联军一鼓作气又攻陷了通州。慈禧惊慌失措的接连五次召见军机大臣，可是最后只有刚毅、王文韶、赵舒翘入见，其他军机大臣见势不妙早已逃跑了，整个北京城陷入一片恐慌之中。慈禧见此，也决计出逃。于是，慈禧带着光绪帝和大阿哥仓皇出宫，夺路西逃。

慈禧到达西安后，就发布谕旨，将所有的责任过错全部推到了义和团的身上，同时下令各地督抚严厉镇压义和团。

慈禧在西安待了一段时间，最后虽千辛万苦地回到了北京城，可是历史发展的潮流已经不是慈禧所能掌控的了。她虽然也进行了一系列的改革，可是她的步伐太小，见识太短，已经不能够跟上时代的发展。

清末新政

光绪帝被囚禁后，清朝政府在慈禧的带领下利用当时谭嗣同他们提倡的调论，企图刺激清朝行将颓败的政权。由于甲午战争的失败，清廷与日本签署了《甲午战争》，支付大量赔款后，清廷财政已经出现入不敷出的状况，清廷的统治难以维持下去了。

光绪二十七年（1901），慈禧太后宣布实行"新政"。这一徒劳无益的新政共分为两个阶段：

第一阶段是从光绪二十一年（1895）至光绪三十一年（1905），在这期间，"新政"的一系列条款被陆续发布，主要有四项条款，它们分别是：

一、政治方面：原来的总理衙门被改为外务部，还设置有商部、练兵处、巡警部、学部等部门。自官制开启改革，效仿国外政府的体制，是外在改革的一项体现。

二、经济方面：商业被大力促进，实业得到了政府的重视和奖励，并接连颁发《商律》《公司注册试办章程》《商会简明章程》《奖励公司章程》以及《矿务章程》《试办银行章程》等。许多私人企业如雨后春笋般出现。

三、教育方面：当时全国陆陆续续出现各大、中、小学校（当时被称为学堂）；各省份的学生会被选派至国外进修，回国之后政府会予以重用。公元1905年，也就是光绪三十一年，科举制度被正式废除。

四、军事方面：光绪二十九年（1903），北京设立练兵处，奕劻被任命为总理练兵事务，袁世凯则成为练兵大臣。

五、法律方面：清廷从西方各国中寻找闪光点，取其精华去其糟粕，制定了《大清律例》，刑罚中的枭首、凌迟、黥面等酷刑被相继废除。另外，缠足等恶习被严令禁止，满汉通婚也得到了允许。

自光绪三十二年（1906）至宣统三年（1911）为第二阶段，政治改革是这段的主题，其中又以"预备立宪"为主。在国内民主运动蓬勃发展之际，立宪呼声愈涨愈高，慈禧迫于国内压力，在宣统元年（1909），正式派遣五大臣出洋学习研究国外政体。

次年七月，在慈禧太后的允许下，"预备仿行宪政"在清廷正式得到实行。

不过这并非代表宪政的建成，"预备"二字至关重要，清政府的这一举动无非在晃人眼目而已。自官制开始下手，并相继推出清理财政、厘定法律、

整顿武备等各项措施。实业亦得到扶持，而资政院和谘议局也纷纷在中央和各省建立。

光绪三十四年（1908），清廷颁布了《钦定宪法大纲》，其中明确规定皇权的不可侵犯性，另外还将预备立宪制度规定在九年以内，这时候清廷的野心便是"司马昭之心路人皆知"了。之后在立宪派的抗议中，预备立宪的期限才被缩减至五年。

宣统三年（1911）四月，所谓的内阁政府被宣告成立，外表上看似冠冕堂皇，其实内在却是败絮残柳一片，十三名内阁成员中有五人是皇亲国戚，显然可以更名为"皇族内阁"。这一内阁一出台，便遭到了普罗大众的反对，尤其是立宪派的不满更为强烈。

终究是换汤不换药的行为，对于清廷来说，他们的把戏已被世人所看破，所以清末新政非但没能达到稳固朝政的目的，更让他们毁灭的进程加速了不少。

局势分析

"新政"的具体措施，从外表看来，似乎涉及方方面面，然而真正起到作用的似乎除了出国留洋、废除科举、兴办学堂之外，也并未有其他有效的措施了。

在这一新瓶换旧瓶的过程中，半殖民地半封建的体制反倒遭到了深化。比如说，私人开办实业的同时，还要经过各层官府的搜刮，实质上仍然没有受到鼓励。

另外，列强为了分瓜中国主权，以帮助推行"新政"为借口，却各处"安营扎寨"，将势力渗透进各领域，并且清政府还专门聘请洋人担当"新政"顾问，为侵略者提供了控制财政、军事、政治等各方面的"宝贵机会"。

"新政"顾名思义应当是区别于先前的全新政体，然而当时所提倡的政策，全然没有跨越当初维新派的主张，并且一再地沿用沦为老生常谈的洋务派观念。所以，自"新政"内在看来，它并非维新派所期望的政体。

资产阶级维新派对社会的改良所做的实践，被称之为维新变法运动，它的目的是要实行君主立宪制，以宪法统领全国，开办国会决定政策。

不过清廷所推动的"新政"却丝毫没有改变封建制的本性，人民大众还是被压迫的阶级，并且在这一过程里，人民的负担更为加重，而富强的目的更是遥遥无望。

说点局外事

寇连材（1868—1896），原名寇成元，是直隶昌平州南七家庄人。小时候读过几年私塾，参加过两次县试可是都落第了。他十五岁时和张氏女结婚，两人一共生有两男一女。在他二十三岁时，家里接连遭祸，家中无法维持生计。他只好亲手自阉，进宫做了太监。进宫后，他被分配给慈禧太后梳头。他聪明能干，做事细心谨慎，也颇得慈禧喜爱。

中日甲午战争时期，李鸿章代表清政府与日本签订了丧权辱国的《马关条约》。国家危在旦夕，要想改变局面，别无他法，只有变法。于是，在光绪帝的支持下，以康有为为代表的一批有志之士纷纷上书都察院，要求变法图强。这让慈禧惊恐万分，局面一下子失控。

这样不能完全掌控局面的感觉让慈禧十分的不喜，要说慈禧这个人权力欲和掌控欲都非常的强。看到这些人在光绪的默许下，要求变法改革。她当然不愿意了，于是就想到了要废掉光绪，还要对他喜爱的珍妃进行惩处，并且对支持和同情变法的大臣也要给予警告。总之，她不好过，那么谁都别好过。同时，慈禧还下令封禁北京强学会。寇连材见此情此景，是忧心如焚，整日愁眉不展。

一天，慈禧正准备休息，寇连材就跑到她跟前长跪不起，痛哭流涕。慈禧大惊，连忙问其原因。寇连材就像慈禧哭诉，"国危至此，老佛爷既不为祖宗天下计，独不自为计乎？何忍更纵游乐而生内变也？"他说的话，可都是大逆不道的话，这可是要杀头丢人命的。可是，此时的寇连材顾不得了，国家就要亡了，个人的安危又能算得了什么呢！寇连材虽然出口不逊，慈禧却没有在意。之后，也只是将其赶走就了解此事。

寇连材见劝阻慈禧无效，既然谏言不行，他就想到了血谏。安顿好后事后，寇连材于光绪二十二年（1896）二月十五日上书面呈慈禧太后。寇连材深知此事关系重大，自己这次是再也不能生还了。不过，他已经做好心理准备，抱着必死之心来了。寇连材一共所奏十事，虽然陈述有不经之处，但都发自肺腑，其忠心可见日月。想来，慈禧太后阅后，当然是暴跳如雷。这一下子，寇连材是彻底地把这位老佛爷给得罪了，慈禧对其怒声训斥。

经过一番审查，慈禧未能发现寇连材背后的指使人，但是寇连材最后仍被处死。行刑当天，寇连材神色从容，淡定的整理好衣冠，还向皇宫的方向行了三拜九叩大礼，之后决然赴死。他死时刚年仅二十八岁，一个身残者却做出了这样大义凛然的举动，让在场的人们观之流泪。

溥仪即位

末代皇帝溥仪的政途是短暂的，三年间两度登基、退位一次，个中无常繁复，又有几人能明了。这种退位后又复辟的过程，在历史上也是绝无仅有的。

慈禧太后下懿旨要让溥仪继承皇位后，醇亲王载沣便领着溥仪入宫接旨，自那一天起溥仪的一生便被彻底改变了。当日黄昏时分，在众位大臣的簇拥下，溥仪从醇亲王北府乘御驾前往宫内。

溥仪的自传《我的前半生》中曾以最真实的面貌展现当时的情形：

"光绪三十四年（1908）旧历十月二十日的傍晚，醇王府里发生了一场大混乱。这边老福晋不等听完新就位的摄政王带回来的懿旨，先昏过去了，王府太监和妈差丫头们灌姜汁的灌姜汁，传大夫的传大夫，忙成一团；那边又传过来孩子的哭叫和大人们哄劝声。摄政王手忙脚乱地跑出跑进，一会儿招呼着随他一起来的军机大臣和内监，叫人给孩子穿衣服，这时他忘掉了老福晋正昏迷不醒；一会被叫进去看老福晋，又忘掉了军机大臣还等着送未来的皇帝进宫。这样闹腾好大一阵，老福晋苏醒过来，被扶送到里面去歇了。

这里未来的皇帝还在"抗旨"，连哭带打地不让内监过来抱他。内监苦笑着看军机大臣怎么吩咐，军机大臣则束手无策地等摄政王商量办法，可是摄政王只会点头，什么办法也没有。一那一场混乱后来还亏着乳母给结束的。

乳母看我哭得可怜，拿出奶来喂我，这才止住了我的哭叫。这个卓越的举动启发了束手无策的老爷们。军机大臣和我父亲商量了一下，决定由乳母抱我一起去，到了中南海，再交内监抱我见慈禧皇太后。"

　　溥仪从降生至三岁期间，一直在王府内生活，祖母刘佳氏是他儿时的"母亲"。依照醇王府的规矩，嫡长子百天后就要交由祖母养育，次子才能让生母抚育。因此，溥仪的祖母便是他儿时的"生母"，溥仪曾在回忆录中记录过她的祖母：

　　"祖母非常疼爱我的。听乳母说过，祖母每夜都要起来一两次，过来看我。她来的时候连鞋都不穿，怕木底鞋的响声惊动了我，这样看我长到三岁。"

　　而慈禧的一道旨令，便让溥仪与慈爱的祖母分隔两地，自此溥仪便陷入冰冷的宫穴。

　　溥仪来到皇宫的第二天，光绪皇帝便驾崩而死，那位曾发起戊戌变法的少年皇帝，一生被慈禧所圈养，才有些自由独立的意识时，就已被打压了下去。溥仪当时不过年仅三岁。当天小溥仪被内监大臣们推挤着，时而到光绪灵前哭他，时而到慈禧病榻前叩头问安。

　　溥仪入宫后的第三日，慈禧太后辞世而去。接连两位皇族的过世，让宫内人人悲哀不已，似乎脸上都沾染了冰霜，宫廷也变为雨打芭蕉后的颓丧模样。

　　是年十一月九日，溥仪的即位仪式在太和殿隆重举办。溥仪的《我的前半生》里回忆说："我被他们折腾了半天，加上那天天气奇冷，因此当他们把我抬到太和殿，放到又高又大的宝座上的时候，早超过了我的耐性限度。我父亲单膝侧身跪在宝座下面，双手扶我，不叫我乱动，我却挣扎着哭喊："我不挨这儿，我要回家！我不挨这儿，我要回家！"父亲急得满头是汗。文武百官的三跪九叩没完没了，我的哭叫也越来越响。我父亲只好哄我说："别哭，别哭，快完了，快完了！"

　　"典礼结束后，文武百官窃窃私语："怎么可以说'快完了'呢？""说'要回家'可是什么意思呵？"王公大臣们，议论纷纷，垂头丧气，认为这是大清皇朝的不祥之兆。"

局势分析

溥仪一生经历坎坷，也并非只有作为生父生母的"父母"，他总共有过"三父七母"。

"三位父亲"分别是：生父醇亲王载沣、同治皇帝、光绪皇帝。同治时期，溥仪曾作为嗣子过继给同治，到了光绪帝时期，溥仪又被过继给了光绪。因而，溥仪曾有三位父亲。

"七位母亲"按照先后次序排列的话：生母瓜尔佳氏、庶母邓佳氏、同治帝瑜妃赫合里氏、同治帝珣妃阿鲁特氏、同治帝瑨妃西林觉罗氏、光绪皇后叶赫那拉氏（隆裕太后）、光绪瑾妃他他拉氏。

虽然溥仪一辈子有众位母亲，但他其实很少受到母爱的关怀，因为在溥仪年幼时，他便被领进宫，离开了生身父母，一入宫中便由隆裕太后抚养，不过真正带大他的是乳母王焦氏。

自登基到退位，溥仪仅用了三年的时间。并且当时的他也只不过是从三岁至六岁而已，仍是个懵懂未知的孩子。六岁时，溥仪入毓庆官读书，九岁起写日记，宫中事物朝廷大事都交给隆裕太后以及摄政王载沣等人主掌。

说点局外事

虽然溥仪一生历经无数坎坷，然而影响他最深的是由孙中山领导的辛亥革命。

在两次鸦片战争，中日甲午战争、日俄战役、英法联军侵入北京、八国联军侵略北京等各项战役后，一次次的失败签订了《南京条约》《天津条约》、《北京条约》《瑷珲条约》《马关条约》《辛丑条约》等各项条款。

接连而至的打击可谓是"人心所向，天命可知"，人们开始热切期盼英雄的到来，推翻帝制实行共和，期盼民主痛恨君主。孙中山领导的辛亥革命，使得历史潮流更加顺应发展，得到大众的一致欢迎，"近慰海内厌乱望治之心，远协古圣天下为公之义"。

光绪三十一年（1905），中国同盟会在东京建成，孙中山被推举为总理，并提出了驱除鞑虏，恢复中华，创立民国，平均地权"的纲领。

光绪三十二年（1906），清廷为了挽救大局，宣布"仿行宪政"。不过，他们的真面目很快就遭到了拆穿，迟到的改革并未解救颓败的局面，反而让毁灭更快地到来。

光绪三十三年（1907）四月，同盟会试图在广东黄冈、安徽安庆、浙江绍兴等地起义，均未能成功。

宣统二年（1910）正月，广东新军起义在同盟会的组织下，迅速发起但又迅速落幕。宣统三年（1911）八月十九日，武昌起义正式爆发，起义军在武汉建立新政府，黎元洪任都督，宣告独立，并废除宣统年号。湖北的独立带动了全国各省的响应，其余十三省份相继也宣告独立，清廷亦随之瓦解。

武昌起义

宣统三年（1911）五月，命数已尽的清廷在做最后的挣扎，立宪运动由此开启，军机处也受到了废除，并发布了内阁官制与任命总理、诸大臣。在任用名单里，大多数成员都是皇族贵人，因此这一内阁又被讥讽为"皇族内阁"。

清政府毫无诚意的举动让大众与立宪派感到由衷的失望，它的倾颓已成定式，未来是属于革命的。

是年，清政府还以铁路国为由，企图收回民间一切铁路修筑权，并以川汉、粤汉铁路为主，但是在收归后转身又卖给了列强的银行团，使得当地人民群情激奋，纷纷开展起保路运动。其中，尤以四川省最为激烈。保路同志会亦在各地进行，立宪党人蒲殿俊、罗纶被推举为正副会长，将"破约保路"作为行动宗旨，共有十余万人参与其中。清廷紧急调遣军队进行镇压。

九月七日，数百名请愿百姓遭到清政府的枪杀，还有代表罗纶、蒲殿俊等人也都被逮捕。

次日，清兵闯入同志会会议召开处，强逼他们解散团体。四川人民被此项举动所激怒，人们在各处将电线捣毁，还将官府往来文书截取下来，断绝他们与外界的交流。

同盟会鸣剑、王天杰等人，一同组织了一起武装暴乱，将保路运动推上高峰，由此唱响了武昌起义前的号角。

四川起义如此猛烈，令清廷不得不派兵镇压，大臣端方率湖北部分新军赶赴蜀地征讨，结果清军在湖北的力量过于微弱，致使革命党人有机会发动武昌起义。

宣统三年（1911）九月十四日，汉文学社和共进会在同盟会的号召下，组建了一支反清的起义军的领导机构。很快，领导机构召开联会，决定发动起义，并将日期定在十月六日。为了防备清廷耳目，革命党人处处小心谨慎，又因为黄兴、宋教仁未能前来，起义时间被迫延后。

十月九日，在极其偶然的情况下，革命军在汉口俄租界配制的炸弹被不幸点燃。俄国军队迅速派兵赶来，将革命党人名单记录在册，还搜罗了起义文告等，均被他们发现了。

湖广总督瑞澄要求紧闭城门，对城内严加搜索，一旦发现革命党人，便抓入监牢。因而，起义军原本计划在九日晚十二时发动的起义，无奈告破。只见武昌城内硝烟弥漫，浓雾笼罩，许多标营的革命党人无法交换信息。

最终，在新军的革命党人经过联系，商定于十月十日晚以枪声为号发动起义。十月十日晚，新军第八营打响了起义第一枪，成功占领中和门周围的楚望台军械所，吴兆麟被选为临时总指挥。

武昌城外驻守的各类军队，以先前约定的举火为号，在当晚也发动了起义。军队在楚望台聚集，参与军队人数达到三千余人。

十月十日晚，起义军兵分三路攻入总督署以及邻近的第八镇司令部。还派遣炮兵在中和门或蛇山占领阵地，正对督署进行发射。最先，起义军并未指挥得当，又兼兵力不足，最终未能如愿以偿。

十二点过后，起义军调整战略后，再度向督署进攻，这次并未选择直击督署，而是在其周围发射，并以火光为暗号，让蛇山及中和门区域的炮兵对准亮处进行炮击。这次湖广总督瑞澄自后墙遁逃，而八镇统领张彪却仍旧誓死抵抗。在经过几轮的进攻后，起义军终于占领督署及镇司令部。

张彪撤离武昌，使得起义军控制住了整个武昌。

武汉三镇的其余两镇，汉阳及汉口的革命党人顺势起义，在后两天，汉阳和汉口也相继宣告独立。武汉三镇北起义军掌控后，湖北军政府正式成立，全军推选黎元洪为都督，并将国号修改为"中华民国"，另号召各省民众顺应潮流，响应号召。

◤ 局势分析 ◢

宣统三年（1911），革命组织文学社在湖北宣告成立，蒋翊担任社长，文学部长则由詹大悲所担任。这一会社的宗要为"推翻清朝专制，反对康梁的保皇政策，拥护孙文的革命主张"，并获得了新军士兵的强烈支持，因此参与会社的士兵人数越发增长。

为了促进与共进会的联合，文学社竭力争取普通士兵跟学堂里的小资知识分子入社。孙武作为湖北共进会的领导人，以群众不加以管束便会使革命倾向成功为教训，要会社将争取人选重点放在新军上。

共进会在向新军进行宣传后，共济会中新加入的新军血液尤为活跃，使得革命军从发动阶段迅速升级为行动的阶段。

黄花岗起义惨败后，原本希冀参与革命的共进会与文学社，开始转向两湖地区开展活动。到了七月二十二日，文学社与共进会举办联合会议，协商关于合并两团，之后共同行动的决定。并确定了在武昌起义的计划，会议中，建成了统一领导、计划、指挥、行动的机构。

军事上，蒋翊被推选为总指挥，孙武担任参谋长。两团合议在武昌小朝街八十五号设立指挥部，政治上，让刘公担任总理一职，管辖几名政治筹备员，负责文告、印信、符号和研制炸弹等等，其总部被设在汉口租界。

在两个团体合并后，武汉的革命势力得到集中，并向外有所延展。夏季来临时，新军参加革命的人数越发增长，直到起义发生前，湖北新军三分之一以上的士兵都是革命党人。

八月三日，两个团体文学社与共进会举办联会，起义被正式确立，并推选蒋翊武任临时总司令，孙武任参谋长，从而做好了武昌起以前的组织准备。

> **说点局外事**

武汉起义确立后，革命党人为了不让清廷军警发现，时刻谨慎行动，并在汉口俄租界内秘密配制炸药。八月十八日，孙武等人赶制炸药时，恰好刘公之弟刘同手持香烟走入房内，不幸点燃了炸药，登时一片浓烟冲上屋顶，爆炸声雷鸣而起。

孙武脸部被不幸炸伤，即刻被送往同仁医院进行救治。原本希图取走机密文件，但在匆忙中，钥匙又丢失不见，锁也再难打开，因而为了消灭踪迹，便向院内猛泼油漆。

清军发现俄租界浓烟滚滚，便立即前往事发地，革命党人不得不迅速转移。军队抓捕了刘同叔嫂，在严加逼问下，无奈供出了所有革命担任可能存在的地址。于是，清军发动大批人马在三镇内搜寻革命党人。

革命党人面对清廷的压迫，在事故爆发当日上午，领导人们正在商讨起义日期，在事故突然发生后，大家不得不四散而逃，约定在黄兴来后再起义。这便是武昌起义爆发前的状况。

王朝倾覆

武昌起义成功后，清廷迅速调整对策，在宣统三年（1911）十月十二日，清廷派瑞澂协理湖广总督一职，还命陆军大臣荫昌率军奔赴湖北，海军提督萨镇率海军和长江水师开向武汉水域。

十四日，清政府纠结三军，分别派荫昌为第一军军统，冯国璋为第二军军统，载涛为第三军军统，令三军在汉口集结。

十月十五日，起义军政府做出自汉口敌军开始扫荡的决议，并挥军北上，阻挡清军继续向南前进。自十月十八日在汉口对战，至十一月二十七日汉阳的陷落，这场战斗共进行了四十一天，被称作"阳夏战争""阳夏保卫战"。

正是在这场战役期间，湖南、陕西、江西等十三个省份相继宣布独立，关中十八省里，仅有甘肃、河南、山东、直隶四省仍顽固地忠于清廷。

1912年新年第一天，孙中山被推选为临时大总统，中华民国临时政府在南京建立。不过过了两天左右，清廷依据袁世凯的意思，派遣冯国璋、姜桂题等数十位北洋军阀征讨南方革命军，劝诚王公大臣捐助南下军队，并下了死命令，谁若不出资援军，"非但财不能使，杀身之祸，且在目前。"

虽然，家里财富巨多，然而他们却不肯捐出一分一毫。最终，袁世凯费尽力气，才得以向清廷讨得八万两黄金。袁世凯的招数，虽然使得朝中大臣们人人自危，被革命军吓破了胆，但是也多多少少看出袁世凯的真实面目。

是年一月三日，袁世凯授意各国公使，通过电报形式，发表请清帝退位声明。之后袁世凯与内阁成员一同上表朝廷，称清廷命数将尽，南方军队势不可挡，如若拒绝共和的到来，很可能清廷就将毁于一旦。正是在一月十六日，革命党人杨禹昌密谋杀害袁世凯，只因他玩弄和解谈判，摧毁了革命的果实，因而事先将枪弹藏在东华门大街便宜坊，等袁世凯走入东华门时进行刺杀。

然而，这次密谋并未成功，反倒给袁世凯帮上了大忙。

首先，揭穿了袁世凯起义军埋伏京师的谣传。其次，让清廷卸下了质疑袁世凯的包袱。最后，本就不愿逼宫的袁世凯，恰好有了不抛头露面的机会，恰好此次有了借口，可以在家装病"卧床不起"，就让手下赵秉钧、胡唯德等人入宫逼皇帝退位即可。

于是，就在杨禹昌刺杀失败的次日，清廷两度召开御前会议，商讨退位一事，而皇亲国戚们表示坚决反对，会议并未定下结果。袁世凯听闻会议竟如此拖沓，便急不可耐地向朝廷呈递奏折，进行恐吓和威胁，称革命军势力胜过以往，徐州已被占领，照局势发展，很快就会兵临京师。

袁世凯还编造"革命党人潜伏京师"等，蛊惑人心的谣传，目的是恫吓朝廷。就在此时，革命党人彭家珍潜伏于北京，在一月二十六日，趁大臣良弼下朝回家途中，突然扔出一枚炸弹，良弼一条腿被炸飞，彭家珍则当场死亡，次日良弼在家中不治身亡。

这一突如其来的恐怖行为，让清廷再不敢对袁世凯加以轻视，纷纷选择逃离北京，前往天津、青岛、大连等地避难，一时间袁世凯成为整个朝廷的救护神，逃不掉的都向他寻求庇护。

一月二十九日和三十日清廷再度召开御前会议，"逊位"一事顺利通过，要求是附加优待条件。得知同意退位的消息，袁世凯被革命党人吓破胆的毛病便恢复了大半，在二月三日，清廷的优待政策便批了下来。

二月五日，位于南京的参议院通过了《清帝退位诏书》与优待条款。优待条例中规定，在共和实现以后，清廷仍然可以保留自己的一方天地。条款被分为三项，分别是皇帝的优待条例，皇族的优待条例，与满蒙回藏等少数民族的待遇政策。

皇帝和各国君主同样受到尊敬和崇仰，规定皇帝岁银四百万两，并仍然在皇宫和颐和园内居住，所有宗庙陵寝均可永久奉祀。除此之外，皇族财产都特别遭到了保护，宫内用人、禁卫军皆可留用，皇族冠爵亦照原样保留。

二月十二日，隆裕太后和六岁的弱帝溥仪最后一次在养心殿行朝礼仪，就在当天，清廷公布了溥仪逊位的诏书。

延续了二九七年的清王朝，自太祖努尔哈赤建国到宣统帝溥仪逊位，期间经历了无数的繁华与落寞，最终亦是旋即成尘，再不复当日。顺治帝入主中原到宣统退位，实为二六八年。溥仪退位的日期是民国元年（1912）二月十二日，也是宣统三年农历十二月二十五日，中国最后的王朝清廷，最终土崩瓦解。

局势分析

武昌起义的爆发，使得国外势力加剧了对清廷的监视，他们出于对清廷财富的贪恋，决定集结军队出兵干涉，在极端的时间内，英、美、法、德、日等国的军舰就在武汉江面排列成行。

革命势力越来越强大的同时，也让国外势力愈加胆战心惊，虽说为了财富不远千里赶来，但也并非愿意甘冒生死之险，毕竟这也是清廷内部的矛盾，遂干脆采取"中立"的姿态，决定坐山观虎斗。

恰好袁世凯在此时进入了帝国势力的视线中，他们认为袁世凯几乎就是他们完美的人选，能够有能力担当他们控制清廷的重任，重点是能够维护他们的在华特权及权益。

英国驻华公使朱尔典曾接到英国政府来电说：我们对袁世凯已经发生了

极好的感情和崇敬。所以，美驻华公使嘉乐恒便在外交使团位以上，第一次指出让袁世凯负责清廷主要事宜的提案，并获得了各国使臣的认可和赞同。

恰巧此时"卧病在家"的袁世凯，外表看似悠闲无事，实则在紧盯国内外的局势。北京官场以及北洋陆军里，袁世凯的耳目甚多，且家中备有电报，正是不出门即可知天下事也。

尤其是身在内阁歇班大学士的密友徐世昌会时不时向袁世凯透露朝野动向或是革命党情报，让他随时跟进局势发展，一如他在朝为官时的灵通。外国驻京使臣均与袁世凯有着联系，所以，袁世凯成为帝国主义的新一任代表人，应当是完全在意料中的事情。

说点局外事

1912年2月，隆裕太后颁布了宣统帝的退位书，至此延续了将近三百年的清廷宣告谢幕。第二天，孙中山就辞去了总统的职位，并提议让袁世凯担任临时政府新一任大总统。2月15日，袁世凯如愿以偿地当上了临时政府第二任总统。

清廷的统治虽说结束了，不过宣统帝的称谓仍旧遗留了下来，自那以后，民国历届总统如袁世凯、黎元洪、徐世昌等人，皆称呼溥仪为"大清皇帝陛下"，前朝旧臣以及各地军阀也未曾改变叫法，就连后来发起"五四运动"的胡适先生，亦称呼溥仪为"皇上"。

从而可见，虽说体制消失了，但是旧有的理念和规矩，仍然在人们身上得到了延续。

1917年，张勋复辟致使溥仪又二度称帝，可谓是"梅开二度"，不过他这第二次称帝，却不过仅仅维持了半月都不到。很快复辟失败，溥仪又不得不从"宝座"上挪位了。

这位末代皇帝退位后仍深居宫内，随着年龄的增长，摆脱了儿时的稚嫩后，溥仪对紫禁城越发不满足，反倒对外界的事物感到好奇不已，于是也学旧时皇帝，常出宫"微服私访"。

宫内的太后们见皇帝玩心越来越重，只好想出用"结婚"拴住溥仪的想

法。在多方的建议和皇帝的认可下，皇后及妃子人选很快就定了下来。

1922年12月1日，溥仪在紫禁城内举办了声势浩大的结婚典礼。

当天，民国总统黎元洪专门派军队保护皇帝，还以民国政府的名义呈上万元贺礼，并且各路军阀、政客们也都尽情表示了一番。即使当初共和已然实行十年有余，但是清朝皇帝的威望仍然不容小觑，关键在于对外界来讲，那仍然是个极富戏剧性的世界。

皇帝溥仪一次娶了两位妻子：一位是满洲正白旗郭布罗氏荣源的女儿，名唤婉容，字慕鸿，当年结婚时十七岁，被封为皇后。另一位是满洲额尔德特氏端恭的女儿，名叫文秀，当年结婚时年仅十四岁，是为淑妃。

1924年在第二次直奉战争发起后，吴佩孚手下的将领冯玉祥突然倒戈，迫使清朝贵族搬出紫禁城，于是在当年11月5日，皇帝溥仪和皇后妃子等人全部移居城外，这也是溥仪多年来的夙愿。

至此，溥仪十五年的皇帝生涯宣告结束。